AF314936

QUELQUES MOTS

SUR LA

MÉTHODE D'OBSERVATION

DANS LA SCIENCE SOCIALE

LES MONOGRAPHIES — LES VOYAGES

PAR

M. Urbain GUÉRIN

PARIS

AUX BUREAUX DE LA *RÉFORME SOCIALE*

35, Rue de Grenelle, 35.

CHEZ MONSIEUR DUPONT, TRÉSORIER DE LA SOCIÉTÉ D'ÉCONOMIE SOCIALE

34, Rue du Rocher, 34.

QUELQUES MOTS

sur la

MÉTHODE D'OBSERVATION

DANS LA SCIENCE SOCIALE

LES MONOGRAPHIES — LES VOYAGES

PAR

M. Urbain GUÉRIN

PARIS

AUX BUREAUX DE LA *RÉFORME SOCIALE*

35, Rue de Grenelle, 35.

Chez Monsieur DUPONT, Trésorier de la Société d'Économie sociale

34, Rue du Rocher, 34.

AVANT-PROPOS

Quelques personnes ont bien voulu penser que la publication de ces articles, insérés l'année dernière dans la Réforme sociale, présenterait peut-être une certaine utilité, car ils contiennent l'exposé sommaire des points principaux de la Méthode d'observation, qui se trouvent disséminés çà et là dans les œuvres de notre illustre maître et dans les Bulletins de la Société d'Économie sociale.

Nous publions donc aujourd'hui nos articles, tels qu'ils ont paru dans la Réforme.

Puissent-ils éveiller dans l'esprit de quelques-uns de nos lecteurs le désir de se livrer à la pratique de cette féconde méthode ; les fruits qu'ils retireront de l'étude méthodique des faits sociaux ne tarderont pas à les récompenser de leurs efforts.

Cette petite brochure, enfin, sera de notre part comme un dernier hommage rendu à la mémoire du grand homme que la France vient de perdre.

LA MÉTHODE D'OBSERVATION

PREMIÈRE PARTIE

LES MONOGRAPHIES.

CHAPITRE PREMIER

POURQUOI NOUS FAISONS DES MONOGRAPHIES.

I.

L'homme a deux besoins primordiaux à satisfaire : le respect de la loi morale, la sécurité du pain quotidien. Sous toutes les latitudes, malgré les différences multiples de l'organisation sociale, la diversité de la vie privée et de la vie publique, les traits distinctifs de la race, les sociétés humaines sont dominées par cette double nécessité. Dans le cours de leur existence, à travers les agitations qui semblent les entraîner vers un autre but, elles ne perdent jamais de vue les deux besoins que la nature leur impose. Faire régner parmi les hommes la loi morale, procurer à tous le moyen de trouver leur subsistance quotidienne, telle est leur raison d'être, tel est le premier problème qu'elle sont à résoudre.

Mais cette double nécessité ne se présente pas sous le même aspect. Parmi les hommes, les uns vivent sans ressentir jamais les anxiétés que cause la recherche difficile du pain quotidien ; la fortune qu'ils ont reçue de leurs ancêtres, l'intelligence dont ils sont doués, leur assurent la sécurité matérielle ; ils n'envisagent pas l'avenir avec inquiétude, ils ne se posent pas, chaque jour, la redoutable question de savoir comment ils pareront aux besoins du lendemain ; leur existence ne connaîtra jamais cette « lutte pour la vie. »

Les autres, au contraire, demeurent toujours aux prises avec les difficultés matérielles. Le pain quotidien est le premier bien qu'ils s'efforcent d'acquérir, sa conquête ne leur laisse aucun instant, aucune heure, aucune minute de repos, elle s'impose à eux dès l'enfance, et, lorsqu'ils sont parvenus à leurs derniers jours, ils voient encore se dresser devant eux cette impérieuse nécessité. Pendant leur jeunesse, pendant leur enfance même, souvent, ils ont travaillé ; leur âge mûr a été voué au labeur, et si leurs forces les abandonnent dans la dernière période de leur vie, ils sont privés de toute ressource.

Lorsque nous jetons les yeux sur les diverses sociétés, nous voyons que la classe dont l'existence est la moins assurée constitue partout et toujours la masse la plus nombreuse. Dans les grandes cités comme dans les campagnes, le peuple forme l'immense majorité des habitants, et en France, sur une population de 36 millions d'âmes, plus de 32 millions se rangent dans cette catégorie. Il en est de même chez les autres nations.

Les ouvriers [1], par leur nombre, pèsent donc le plus sur la société et d'autant plus fortement que si leur besoin fondamental n'est pas satisfait, ils viennent à souffrir au-delà de toute expression. Ne voyant plus de remède à leurs maux, ils se jettent dans les révolutions et la société est livrée à des crises violentes qui la ramènent, bon gré mal gré, à pourvoir au sort de ceux qui sont à la fois les plus nombreux et, comme nous le montrerons tout à l'heure, les moins capables. L'homme, en effet, se résigne aux conditions les plus dures ; il accepte et la perte de la liberté et l'esclavage même, mais il ne saurait vivre longtemps sous un régime qui le comdamnerait, ou à violer sans cesse la loi morale ou à être privé de la subsistance quotidienne.

Aussi, est-ce en vue de ces besoins essentiels, de cette sécurité nécessaire que les organisations sociales se sont spontanément constituées et cela à toutes les époques du monde. Ce n'est pas d'aujourd'hui qu'on a inventé qu'il fallait, dans une société bien organisée, garantir le bien-être et la sécurité des ouvriers. Nous pouvons parcourir l'histoire, nous ne rencontrerons jamais une société dans laquelle ce point capital n'ait été prévu et résolu au moins dans une certaine mesure.

Chez les peuples de l'antiquité, le problème était tranché par le patronage forcé, souvent même par l'esclavage qui rattachait l'homme à un maître chargé de sa subsistance. Au moyen-âge, la Féodalité a également tenu dans une union étroite le seigneur et le paysan, le maître et le serf. Ces divers régimes, par les devoirs qu'ils imposaient à la classe supérieure, garantissaient du moins à la classe ouvrière une somme fixe de bien-être, en apportant, il est vrai, quelque frein à la liberté individuelle et en empêchant peut-être les individualités éminentes de s'élever.

Aujourd'hui, quel est, au fond, le sens du mouvement auquel nous assistons? Pourquoi ce développement continu d'institutions factices, associations imaginées par les patrons, par l'État ou par les ouvriers, chambres syndicales, sociétés de secours mutuels,

[1] Voici la définition exacte de l'ouvrier au point de vue social : personne exerçant un travail manuel (autre que le service personnel du maître) et ayant pour principal moyen d'existence la rétribution accordée à ce travail.

caisses d'épargne, caisse des retraites, création d'hôpitaux, de maisons de secours de toutes sortes ? N'est-ce pas le désir, souvent infructueux, de préserver la classe ouvrière de la misère, de rendre son sort plus sûr, de lui procurer le pain quotidien que le jeu naturel des institutions est de nos jours insuffisant à assurer.

Dans les faveurs accordées à l'instruction primaire, nous retrouvons les préoccupations que nous venons de signaler ; les lettrés contemporains ayant affirmé que l'instruction donnait à l'ouvrier le moyen de se créer une existence plus heureuse, le peuple s'est engagé dans cette voie.

Les ouvriers formant la classe la plus nombreuse, la satisfaction de leurs besoins essentiels s'est donc imposée à travers tous les siècles à toutes les sociétés sans exception et la tranquillité d'un État a toujours dépendu de la manière dont cette question était tranchée. L'expérience vient justifier la science sociale. C'était sur l'ouvrier qu'il fallait tout d'abord concentrer ses observations ; l'analyse de ses conditions d'existence devait être la base des études sociales.

II.

Dans cette étude des ouvriers se reflète d'ailleurs la partie la plus importante de la société, celle qui s'efforce de parer aux besoins des êtres que le sort a placés dans une condition inférieure. Par l'ouvrier nous jugeons le patron ; par la base nous comprenons le sommet.

L'ouvrier, en effet, vit au jour le jour ; dans la condition où il a été appelé à vivre, il est capable de déployer les qualités les plus solides : il se livre à un labeur énergique, il manifeste le plus grand dévouement pour élever avec peine sa femme et ses enfants. Mais laissé à lui-même, il ne sait généralement pas s'assurer le lendemain, et absorbé par les dures nécessités du présent, il manque de cet esprit de prévoyance, seul capable de conjurer les éventualités redoutables avec lesquelles tout homme peut se trouver aux prises dans le cours de sa vie ; il est à la merci des événements. Si le malheur le trouve désarmé, il se montre toutefois encore plus incapable de supporter la bonne fortune, et lui survient-il, en dehors de toute prévision, une ressource extraordinaire, il ne la conserve pas en vue de l'avenir et ne résiste pas à la tentation de l'appliquer à des dépenses superflues. Enfin, lorsque une main tutélaire ne le soutient plus, il se laisse entraîner par les hommes dont les discours artificieux et les promesses habiles le jettent dans une mauvaise voie, enflamment ses espérances et l'excitent à des sentiments de haine et d'envie contre les classes supérieures.

Les monographies de familles désorganisées, c'est-à-dire vivant sans l'appui du patronage, nous apportent toutes les preuves de ce trait caractéristique que l'observation a relevé chez les classes ouvrières. Voici par exemple, parmi les types décrits dans des monographies, un tailleur de Paris [1] ; il consacre le tiers de son budget à des distractions d'une nature grossière, il s'est émancipé de toutes les lois morales et sera réduit, dans sa vieillesse, à s'adresser à l'Assistance publique. Un manœuvre, à famille nombreuse, de la Villette [2] est un type moins corrompu, il respecte la loi morale, il est animé de l'esprit de famille, il travaille avec courage, mais il dissipe, dans l'achat d'un mobilier trop coûteux, la somme dont un modeste héritage l'a mis en possession. Un autre ouvrier, monteur en bronze [3], dont le salaire s'élève à plus de 4,000 francs, en dépense la presque totalité ; il se donne le luxe d'une table bien servie, mais néglige de se procurer une ressource pour ses vieux jours. Sans son inscription au bureau de bienfaisance, un tisserand de Mamers [4] serait condamné à mourir de faim ; il est incapable de se suffire à lui-même.

Sans doute, quelques individus arrivent non-seulement à vivre eux et leur famille par leurs propres efforts, mais encore s'élèvent à des positions plus élevées. Toutefois, ils constituent des exceptions et la société ne se soutient pas avec des individualités limitées à ce rôle, car, à côté de ces êtres qui ont la force, l'intelligence et toutes les capacités nécessaires pour mener une existence aisée, sans s'appuyer sur autrui, il y a la masse qui, quoiqu'on fasse, est absolument incapable de parvenir à un tel résultat. Il faut donc que certaines individualités plus énergiques, plus expansives dans leurs forces productives, viennent au secours de ces individualités inférieures ; il faut que certaines personnes se chargent de faire vivre une quantité plus ou moins considérables d'autres personnes.

Peu de vérités, nous le savons, heurtent aussi vivement les préjugés contemporains. Depuis que « les faux dogmes » de 1789 règnent sur les esprits, le peuple a été considéré comme le souverain, comme le seul pouvoir de l'État, ayant même le privilège de créer la distinction du bien et du mal ; aussi, des hommes que l'on exalte de la sorte, se résignent-ils difficilement à avouer que, sans le secours du patronage, il leur est difficile d'assurer leur existence et d'échapper aux incertitudes de la vie. De leur

[1] *Ouvriers européens*, T. VI. — [2] *Ibid*, T. VI. — [3] *Bulletin de la Société d'Economie sociale*, Année 1870. — [4] *Ouvriers européens*, T. VI.

côté, les patrons prêtent une oreille facile aux théories préconçues des lettrés et de certains Économistes qui, au nom de la liberté, déclarent les maîtres et les ouvriers sans lien les uns avec les autres; ils croient avoir rempli leurs devoirs vis-à-vis de ceux qu'ils emploient, lorsqu'ils leur ont donné un salaire en argent et ils ne se considèrent plus comme tenus de veiller à la vie morale de leurs ouvriers, de parer aux inconvénients qui naissent de l'imprévoyance de ceux-ci; en un mot, de remplir à l'égard de leurs subordonnés, suivant une belle expression, le rôle de pères. Les uns et les autres sont unis par un lien éphémère; lorsque ces liens provoqués par l'intérêt sont rompus, le rôle du maître est terminé. Tout est dit.

Toutefois, qu'on l'accorde ou qu'on le dénie, les patrons jouent dans une société un rôle prépondérant. Lorsque les classes élevées remplissent leurs devoirs, la société toute entière repose sur une base solide. Les premiers besoins de l'homme sont satisfaits. Aussi, toutes les monographies qui ont étudié des types de populations stables ont-elles montré au premier rang de leur stabilité la pratique complète du patronage.

Considérons par exemple ce forgeron suédois qui, au milieu d'un pays retiré, vit dans la quiétude la plus complète; il reçoit de l'administration des forges des subventions suffisantes pour que ses besoins et ceux de toute sa famille soient complètement satisfaits; ignorant les chômages qui ravagent périodiquement les centres ouvriers de l'Occident, il est attaché à son patron, par un mode d'engagement permanent. Le véritable auteur de ces bienfaits est le vénérable baron de Tamm, directeur des forges de Dannemora et qui a pu justement être cité comme un type d'« autorité sociale »[1].

Si nous étudions les populations stables d'une autre région, les mineurs du Haut-Hartz, au centre de l'Allemagne, par exemple, nous constatons que leur sécurité est due aux dispositions intelligentes par lesquelles l'administration, pleine de sollicitude pour le sort de ses ouvriers, veille à la satisfaction de leurs besoins matériels comme de leurs besoins moraux. Sous la main d'une surveillance tutélaire, les ouvriers ont été maintenus dans le respect de la loi morale et dans la sécurité du pain quotidien[2].

Nous sommes maintenant en France, en présence d'un type qui a échappé jusqu'à ce jour à la désorganisation dont sont victimes la plupart des ouvriers. Un ouvrier savonnier de la Basse-Provence[3] reçoit de la commune et de son patron de nombreuses

---

[1] *Ouvriers européens*, T. III. — [2] *Ibid.* 2 N. — [3] *Ibid.* T. III.

subventions ; il est logé gratuitement à la fabrique ; tous les ans, il a droit à une quantité de savon qui suffit pleinement à la consommation de la famille dont la sécurité révèle, d'une façon encore plus sensible peut-être que les autres, l'efficacité sociale du patronage.

Le savonnier, en effet, n'est pas seulement un ouvrier industriel ; attaché à une usine de Marseille, il se livre aussi pendant une saison au travail agricole dans la commune qu'habite sa famille. Cette alliance des travaux agricoles et des travaux industriels présente de grands avantages. Lorsque le chef de famille est retenu à l'usine, les autres membres de la famille ont une occupation toute trouvée et féconde pour le bien-être ; le gain de l'ouvrier rangé et laborieux devient la source d'une épargne qui, en général, se traduit par de nouvelles acquisitions territoriales.

A une certaine époque, le gouvernement impérial, frappé des avantages de ce mode de travail, avait pensé qu'il était désirable d'engager les industriels à organiser leurs ateliers de cette manière. Il provoqua une enquête de laquelle sortit la monographie du savonnier de Marseille. Mais l'enquête aboutit à un résultat très différent de celui que ses promoteurs en attendaient ; elle proclama avec évidence, non-seulement l'efficacité sociale du patronage, mais encore l'inutilité de toute autre institution secondaire.

Il fut constaté sans doute que les ouvriers placés dans les conditions du savonnier de Marseille jouissaient d'une existence stable ; ils étaient assurés de trouver un toit pour les recevoir, l'hôpital leur était inconnu et inutile et, par conséquent, la grande question de pourvoir à l'avenir des ouvriers vieux ou blessés était résolue. Mais ce n'était pas seulement cette union du travail industriel et du travail agricole qui méritait d'être considérée comme la cause première du bien-être de la famille. Les ouvriers étaient placés dans cette heureuse situation, parce que leurs maîtres, dignes du nom de patrons, s'imposaient le devoir de les garder longtemps, souvent même de père en fils.

Les résultats de l'enquête furent corroborés par la comparaison qui fut faite entre les savonniers et les ouvriers attachés aux huileries. Appartenant à la nationalité italienne, ceux-ci allient également le travail agricole au travail industriel, car leur famille reste en Piémont et y cultive la terre; loin de posséder l'aisance et le degré de moralité des savonniers, ces ouvriers offrent, au contraire, le tableau d'une démoralisation complète. Les fabricants des huileries, en effet, qui sont formées depuis quelque temps seulement, louent leurs ouvriers sans s'inquiéter de la permanence des rapports; ils ne veillent pas à leurs besoins et les abandonnent à la première occasion. Avec ces rapports d'une tout autre nature que ceux entretenus par les fabricants savonniers coïncidait donc, dans la population ouvrière, un état tout différent. La question du patronage était jugée.

En vain objecterait-on que certaines populations stables, telles que par exemple, les paysans de la vieille Castille ou ceux des cantons primitifs de la Suisse, vivent sans l'appui du patronage. Oui, le patron, le grand propriétaire n'existent pas dans ces régions, mais les populations ne sont pas livrées à elles-mêmes; ici l'*Allmend*, sorte de pâturage commun, là la commune remplissent le rôle qui, ailleurs, est joué par les propriétaires; les biens indivis d'une étendue considérable possédés par l'une ou par l'autre de ces deux institutions pourvoient aux besoins des populations et contribuent, dans une grande proportion, à rendre leur sort plus sûr en leur fournissant de larges subventions et en permettant aux moins aisées d'entretenir des animaux domestiques.

III.

Indépendamment des raisons que nous venons d'exposer, il y en a une autre, non moins scientifique, qui recommande à la science sociale de prendre l'ouvrier pour base de ses observations.

Dans toute contrée, il n'y a pas de classe qui soit plus profondément soumise aux diverses institutions sociales que la classe ouvrière. Les ouvriers n'ont aucun moyen de s'y soustraire, ils n'ont pas les facilités qui permettent aux classes supérieures de se donner une certaine indépendance et des allures personnelles; ils sont obligés notamment de consommer les vivres du pays qu'ils habitent. Leurs ressources restreintes les obligent à vivre tous de la même manière. En même temps, cette modicité de ressources contraint les ouvriers de garder les coutumes du passé, et ils se décident difficilement à abandonner les usages qu'ils ont eu l'habitude de suivre.

Par conséquent, la science sociale, en observant l'ouvrier, trouve cet avantage d'étudier un type qui, ayant une très grande uniformité, permet mieux de constater les faits généraux. Or, c'est sur ces faits généraux que les sciences se fondent essentiellement; c'est de leur accord qu'elles tirent les lois positives ou les hypothèses probables.

IV.

Ainsi, la science sociale a résolu la première question qui s'imposait à elle comme à toutes les autres sciences. L'étude des phénomènes physiques et chimiques soulève en effet les mêmes difficultés que l'étude des phénomènes sociaux; le choix des sujets d'observation et d'expérimentation est tout aussi difficile.

Mais l'expérience n'a pas tardé à le montrer : l'ouvrier, urbain ou rural, est un élément social fondamental ; il manifeste en lui l'action des classes supérieures, il fournit un type uniforme. Une fois cette base d'étude trouvée et tout en tenant compte des différences profondes qui distinguent la science sociale des autres sciences, l'observateur a pu appliquer les principes généraux de cette méthode qui a été si féconde dans les autres sciences et procéder comme elles, impartialement, scientifiquement. Recueillir le plus grand nombre de faits généraux, les comparer entre eux, étudier leurs caractères au moyen d'un cadre fixe, précis, ne laissant aucune place à l'invention, puis, après cette étude préliminaire, proclamer comme lois nécessaires, celles que l'observation montre partout invariablement liées au maintien de la paix sociale, telle a été la seule marche à suivre.

L'objet à observer dans la science sociale a été le plus élevé qu'on puisse concevoir, puisque c'est la famille, la famille de l'homme. Il s'agit de la soumettre à une observation aussi délicate que celle qui consiste, en histoire naturelle, à analyser une fleur ou à disséquer un animal; en chimie, à décomposer les éléments d'un corps; en physique, à faire une expérience d'électricité. Aussi, beaucoup de personnes ont-elles dit : mais il n'est pas facile de s'introduire ainsi au foyer de l'ouvrier, d'interroger successivement tous les membres de sa famille et de lui faire raconter les détails les plus intimes de sa vie. Il n'est pas facile de demander à des ouvriers s'ils ont des dettes, s'ils mènent une mauvaise conduite, afin d'évaluer combien ces vices peuvent coûter à leur budget et à leur bonheur, ou encore quelles sont leurs récréations, leurs plaisirs. Peut-on espérer qu'ils se préteront à toutes les interrogations d'un observateur sur les détails de leur existence? Maintenant surtout qu'un abîme profond sépare les classes ouvrières des classes élevées, l'ouvrier manifestera la plus vive défiance pour une enquête de ce genre poursuivie sur lui-même et sur les siens.

La meilleure manière de démontrer qu'une chose n'est pas impossible, c'est de la faire. Plus de trois cents monographies ont été rédigées, dans les villes comme dans les campagnes; cela prouve qu'il a été facile d'observer les familles d'ouvriers, de les décrire d'après leurs propres déclarations et d'en tracer un tableau fidèle où viennent se refléter les faits essentiels de l'organisation sociale. Jamais les répugnances d'une famille n'ont déterminé un observateur à renoncer à l'œuvre qu'il avait entreprise; il a toujours entretenu les relations les plus amicales avec la famille observée.

Nous-mêmes (qu'il nous soit permis d'apporter ici un souvenir personnel), en commençant la monographie du cordonnier de Malakoff, nous redoutions les difficultés que la méfiance de l'ouvrier pourrait apporter à notre enquête; nous lui posions les questions nécessaires avec certaines hésitations; nous avions recours à des circonlocutions pour pénétrer dans tous les détails de sa vie intime. Mais, loin d'opposer la moindre résistance à notre enquête, il s'y prêtait, au contraire, avec une infatigable complaisance, il allait au devant de nos questions et nous révélait, sans détours, toutes les particularités de son existence, sans omettre celles qu'il aurait eu intérêt à nous cacher. L'histoire de sa famille fut racontée presque joyeusement; il était heureux de revenir par la pensée vers les jours de son enfance et semblait tout fier de voir les sollicitudes qu'éveillait son humble condition.

Depuis, ces relations nouées par l'étude n'ont pas cessé; il nous a fait le confident de toutes ses tristesses comme de tous ses bonheurs et a toujours manifesté la plus grande reconnaissance pour les visites que nous lui avions faites. L'expérience nous a par conséquent prouvé qu'il était facile de remplir ce cadre fixe, précis, dont nous parlions plus haut.

CHAPITRE II

COMMENT NOUS FAISONS LES MONOGRAPHIES.

I.

Nous venons d'exposer dans le chapitre premier les raisons qui avaient déterminé la science sociale à prendre comme base de ses études la description de la famille d'un ouvrier. Dans ce chapitre-ci, nous nous proposons d'examiner le cadre rigoureux qui a été donné à la monographie, afin que l'observateur ne soit jamais tenté de s'égarer.

En effet, lorsqu'on étudie les faits sociaux, la grande difficulté est de voir juste, cette difficulté se présente sans doute dans toutes les sciences, mais surtout dans la science sociale. Rien n'est d'un intérêt plus poignant et plus sympathique à l'homme que l'homme lui-même. Aussi, en nous approchant des familles, se rencontre-t-il une multitude de considérations, d'un ordre souvent secondaire, qui nous dissimulent l'exacte vérité, qui nous engagent secrètement et, à notre insu, à juger dans tel ou tel sens, à voir favorablement ou défavorablement, à altérer les faits dans nos appréciations ; nous nous attachons, comme malgré nous, aux choses qui frappent le plus vivement notre cœur et notre imagination, et lorsque ceux-ci ont été saisis, ils nous entraînent hors du domaine de la science.

Il était donc nécessaire que l'observateur fut obligé et condamné à scruter, dans tous ses détails, le mode de travail de l'ouvrier, à se rendre compte minutieusement de ses rapports avec son patron, de ses conditions d'existence, pour arriver enfin à définir, avec une précision scientifique, la véritable situation de cet homme et de sa famille, dans la hiérarchie sociale. Nous nous servons ici du mot scientifique, mot que les hommes de nouveauté aiment à employer aujourd'hui, tout en abandonnant et en méconnaissant, de la manière la plus complète, les principes tutélaires de la méthode des sciences. Ils appellent ainsi scientifiques, et beaucoup d'esprits cèdent à cette tentation, des aspirations rêveuses fondées sur trois ou quatre faits pris au hasard et qu'ils gouvernent d'ailleurs beaucoup plus par des idées préconçues, par des passions, par des convoitises que par les procédés rigoureux, à la faveur desquels les sciences d'observation ont prospéré.

Nous, au contraire, nous employons le mot scientifique dans son sens vrai, c'est-à-dire dans le sens d'un ordre de recherches où l'homme se soumet à l'observation des faits, s'astreint à la raison, obéit aux principes les plus sévères de la logique et s'efforce d'arriver à la vérité par l'éternelle voie qui y a toujours conduit, c'est-à-dire par le travail et par le contrôle rigoureux de soi-même.

Le cadre de la monographie n'a donc pu revêtir un caractère scientifique qu'à la condition d'être tellement réglé, tellement impassible qu'il obligeât, malgré lui, l'oboservateur à l'impartialité. Il a fallu ensuite que ce cadre s'appliquât à tous les cas et permit de rechercher, toutes les fois qu'un nouveau type aurait été découvert, les faits identiques à ceux qui avaient été observés dans les monographies antérieures. Enfin, les documents ont dû être disposés dans un ordre tel qu'ils fussent comparables entre eux, c'est-à-dire placés dans toutes les monographies à la même place et qu'ils pussent ainsi être facilement retrouvés. Car, c'est à ce caractère que se reconnaissent les documents scientifiques.

II.

L'homme, l'ouvrier, vit avec sa famille sur un lieu où il se livre à ses travaux ; il puise dans ce labeur, dans les ressources que lui fournit le sol ou que lui donne son patron ou toute autre autorité ses moyens d'existence ; ce salaire acquis par le travail, ces ressources dues à la générosité de son maître, il les dépense pour ses besoins journaliers, pour subvenir à l'entretien de toute sa famille. Sa famille n'existe pas seulement dans le présent ; si humble que soit son sort, elle compte un passé, elle aura un avenir et cet avenir dépend de ses qualités, de son énergie, de sa tempérance, de la protection qui lui est accordée. En outre, elle ne vit pas isolée dans une sphère inaccessible, elle se relie au contraire d'une manière étroite au pays dans lequel elle est placée, elle subit l'influence des institutions qui la gouvernent, elle accuse, par sa situation, le bon ou le mauvais côté de ces institutions. Enfin, toute sa vie absorbée par la recherche du pain quotidien se reflète à la fois dans ses dépenses et dans ses recettes.

Voilà le cadre naturel de la monographie ; il ressort de l'observation même des faits et il est en réalité d'une très grande simplicité, mais d'une simplicité telle que ce n'est certainement pas au premier abord, par la seule force de la pensée, qu'il a pu être déterminé. Un des points fondamentaux de ce cadre, ce sont les pièces de contrôle de l'étude de l'ouvrier, c'est-à-dire son budget comprenant deux parties, le budget des dépenses et le budget des recettes. Il contient une statistique de la vie de l'ouvrier, il en mesure les phénomènes et il permet de se fier absolument aux assertions contenues dans les autres parties de la monographie. Toutefois, ce budget ne suffit pas, il ne trace pas la vie morale de la famille, il ne dessine pas son portrait, il ne dépeint pas les traits particuliers qui la distinguent. Aussi, avant ce budget, qui est un document de chiffres, il a été utile de placer une véritable description de la famille méthodiquement faite.

Cette première description, qui précède les budgets, figure sous ce titre général : « Observations préliminaires définissant les conditions des divers membres de la famille. » Elle se rattache aux quatre faits principaux qui dominent la vie de la famille ouvrière. Il faut commencer, dans une première section de ces observations préliminaires, par mettre la famille, en quelque sorte, sur son théâtre ; il faut décrire les lieux où elle existe, faire connaître d'une manière générale l'organisation dans laquelle elle se meut, désigner les personnes qui la composent et le caractère qu'elles ont, soit individuellement, soit collectivement. De là, la première section intitulée : « Définition du lieu, de l'organisation industrielle et de la famille. »

La famille est maintenant placée sur son théâtre ; les personnages qui la composent sont définis, nous savons quel rang elle occupe, quel est son caractère général. Nous devons rechercher le travail auquel elle se livre, aussi bien le travail professionnel que les diverses occupations pratiquées au foyer domestique, et en même temps nous rendre compte des diverses ressources qui lui permettent de vivre. La seconde partie est donc consacrée à ses « moyens d'existence. »

Lorsque les moyens dont la famille dispose pour vivre et la manière dont elle utilise ses biens sont connus, nous pouvons aborder le genre, « le mode d'existence » qu'elle crée d'après ses goûts ou ses ressources. Tel est le nom donné à cette troisième partie dans laquelle l'observateur analyse les principaux actes, comme la manière de se vêtir, la nourriture de cette famille, les distractions qu'elle recherche de préférence.

La famille n'est pas encore complètement décrite. L'observateur n'en concevrait qu'une idée fort imparfaite, s'il ne jetait pas un coup d'œil sur les faits qui ont précédé l'époque de l'observation et sur ceux qui pourront suivre. L'histoire de la famille et les prévisions de l'avenir que lui réservent sa situation actuelle et les institutions sous lesquelles elle vit forment une quatrième partie désignée sous le titre d'« histoire de la famille. »

C'est à la suite que se placent les budgets; ils se présentent avec intérêt, puisque les personnages dont ils traduisent l'existence sont connus. Le « budget des recettes » qui figure le premier, puis le « budget des dépenses » nous initient à tous les détails de la vie d'une famille ouvrière, aucun acte de son existence ne demeure inconnu. Ils n'ont pas seulement l'avantage de maintenir l'observateur dans une voie étroite de laquelle il lui est interdit de sortir, de faire suivre à son esprit une filière où il passe au crible d'une critique minutieuse tous les éléments de la vie de la famille, mais ils constituent un puissant moyen de contrôle pour apprécier l'exactitude des réponses faites par l'ouvrier. Par exemple lorsqu'en dressant le total du budget des dépenses et du budget des recettes, l'observateur découvrira entre eux un grand écart, il aura la preuve que l'ouvrier, soit par calcul, soit par erreur involontaire, lui aura dérobé une partie de la vérité. Ou il lui aura caché les dépenses d'une nature inavouable, ou il n'aura pas voulu faire connaître son épargne annuelle ; dans bien des cas, il ne se sera pas rendu un compte suffisant de ses dépenses et de ses recettes.

L'observateur alors revient auprès de la famille ; il a déjà gagné sa confiance, elle s'est ouverte à lui, lui a révélé sa vie intime, lui a fait connaître ses sentiments ; par quelques questions habilement posées, il parviendra à découvrir la vérité qui lui aura jusqu'à ce jour échappé. Sans le budget, elle lui serait demeurée voilée.

Les budgets contiennent des chiffres dont il importe de donner l'explication afin que toute personne voulant s'assurer de l'exactitude des faits puisse recommencer les calculs au moyen desquels le budget a été établi.

A la suite du budget se trouve, sous le nom de comptes annexés, une série de détails qui sont les pièces de comptabilité justificative des chiffres inscrits dans la première partie de ce document. Ces comptes ne sont pas seulement une justification numérique, ils renferment des renseignements précieux, expliquent les phénomènes qui se passent dans les familles décrites, donnent tout le détail des exploitations que les ouvriers exécutent, mettent sous les yeux du lecteur tous les éléments qui entrent dans ces exploitations, fournissent, enfin, des notions très intéressantes lorsqu'on veut comparer les monographies d'agriculteurs des différentes contrées. Ils prêtent ainsi au budget une valeur telle que, sans eux, ce dernier serait souvent à peu près inintelligible.

Réduite aux observations préliminaires et à l'établissement du budget, la monographie ne présenterait de la situation de la famille qu'un tableau incomplet. Nous ne la verrions pas vivante devant nous, nous ne comprendrions pas les phénomènes sociaux dont nous avons rendu un compte minutieux dans les parties précédentes. Il existe en effet une atmosphère sociale au milieu de laquelle elle se meut, il existe des faits généraux qui s'incarnent, se localisent et se précisent dans toute la famille et dont la vie de celle-ci n'est souvent que la traduction. L'ordre méthodique de la monographie aurait été troublé, si ces faits avaient été introduits dans les observations préliminaires. Une quatrième partie s'ajoute donc nécessairement ; elle figure sous ce titre dans les monographies : « Eléments divers de la constitution sociale ; particularités remarquables, conclusion. »

Il faut bien le dire, ces actes et ces observations forment souvent la partie la plus importante de la monographie ; c'est là que les conclusions se dessinent, c'est là qu'apparaissent les documents scientifiques nouveaux que l'étude de la famille a mis en relief. Puisque la monographie a été rigoureusement faite, puisque l'observateur a dû passer par cette espèce de filière, dans laquelle il a été maintenu et guidé, il est sûr, lorsqu'il arrive aux notes, de fournir des explications exactes sur les faits qu'il signale, au lieu de les écrire d'une façon vague et superficielle. Cette partie devient la véritable couronnement de la monographie ; il suffit, pour s'en convaincre, de se reporter aux conclusions qui ont été écrites à la suite des monographies : aux pages sur la permanence des engagements qu'a inspirée l'étude du savonnier de la Basse-Provence ; au tableau de la paix sociale qui règne dans le Nord, placé à la suite de la monographie du forgeron de Dannemora ; à l'influence exercée par nos lois successorales, après la description de la famille du Lavedan.

Nous sommes obligés de nous arrêter dans cette énumération, car il faudrait citer, pour être complet, tous « les éléments divers de la constitution sociale, » qui forme la quatrième partie des monographies.

III.

Chaque paragraphe de la monographie présente un intérêt particulier. Soit que nous étudions, dans le premier chapitre, la « définition du lieu, de l'organisation industrielle et de la famille, » soit qu'à propos des moyens d'existence nous abordions la question des propriétés possédées par la famille, soit que nous nous rendions compte de son alimentation, nous nous trouvons en présence de faits d'une importance considérable.

Il est, par exemple, une idée fort répandue dans la masse du pays et qui se retrouve dans la bouche de nos hommes publics, lorsqu'ils abordent les questions relatives aux populations ouvrières, c'est que le salaire joue un rôle exclusif dans la vie d'un ouvrier, et que, pour augmenter son bien-être, il suffit d'accroître la rétribution pécuniaire que ce dernier retire de son travail. Sous l'influence de cette idée, on a poussé la femme à aller demander en dehors du foyer un travail qui lui procurerait à elle aussi un salaire.

Or, le salaire n'est pas, comme l'ont cru et répété les théoriciens, la seule, l'unique source de revenu pour un ménage ouvrier. Dans le genre d'occupations que les ouvriers et leur famille exécutent, on doit distinguer deux sortes d'occupations d'un ordre très important ; il y a d'abord les travaux de chacun des membres de la famille, en vue d'un salaire ou de tout autre mode de rétribution, et ensuite les travaux personnels, qui constituent des industries de famille entreprises au compte de chacun.

Ces dernières industries, tantôt le chef de famille lui-même les exerce, comme par exemple l'ouvrier tailleur ; car, presque tous les ouvriers tailleurs vivent à la fois dans la condition d'ouvrier salarié par un patron pour lequel ils travaillent et dans la condition de chefs de métiers, exerçant une industrie à leur bénéfice, ayant une petite clientèle à laquelle ils accordent le plus souvent des prix réduits. Tantôt, au contraire, la femme préside à ces industries, surtout dans la vie agricole ; son rôle est singulière-

ment relevé par ces travaux et les monographies ont prouvé que
lorsque la femme est ainsi retenue à son foyer par certains travaux et par de petites industries, la famille en éprouve un réel
bien-être.

Certes, le rôle joué par ces industries est restreint dans les
grandes cités de l'Occident où la famille est séparée, le père dans
un atelier, la mère dans un autre, l'enfant à la crèche. Mais il ne
disparaît jamais complétement, puisqu'il a été impossible de
rencontrer un ménage ouvrier dans lequel ces industries secondaires ne jouassent un certain rôle, où les ressources de la famille
fussent exclusivement empruntées au salaire.

L'expérience n'a pas tardé à le montrer, le rang et la valeur
sociale des familles sont en relations directes avec la part laissée
aux industries entreprises à son propre compte. En procurant à
la femme un travail industriel, on reporte, en effet, son activité
là où la nature des choses ne l'a pas appelée à s'exercer, on lui
enlève les moyens de l'utiliser dans son intérieur, on supprime
les travaux indispensables au bien-être de la famille et qui
n'avaient qu'un tort à ses yeux, celui de ne pas se traduire en
argent. Les enfants ne sont plus entretenus, la femme est soumise
dans les ateliers à une mauvaise influence, le foyer délaissé
n'attire plus le mari.

Ce besoin de recevoir de l'argent, d'avoir une représentation
matérielle et facile à écouler du travail, apparaît surtout dans
les familles ouvrières dont la tendance est de consacrer une partie
de leurs ressources à des dépenses nuisibles. Au contraire,
lorsque les ressources sont en nature, l'ouvrier est incapable de
détourner de leur usage ces objets fournis par le sol ou provenant des industries familiales ; il n'est pas libre d'aller gaspiller
son argent au cabaret et la famille possède de solides garanties
de prospérité matérielle et de prospérité morale liée à ce rôle de
la femme au foyer domestique.

Jetons les yeux sur les monographies dans lesquelles le salaire
atteint la somme la plus élevée, sur celle, par exemple, du « Monteur en bronze » et, en les comparant avec celles qui décrivent
des types disposant au contraire d'une somme moins considérable, nous comprendrons aussitôt que le bien-être des classes
populaires ne dépend pas du salaire. Les ouvriers de l'Orient, les
ouvriers du Nord, les ouvriers agricoles de certaines parties de
la France, que la désorganisation n'a pas encore profondément
entamés, demeurent stables, malgré la modicité de leur salaire.
L'appui qui leur est prêté par leur patron, des convictions religieuses, solides, le respect qu'ils manifestent pour le chef de fa-

mille, l'esprit de tempérance et d'épargne assurent mieux leur bien-être que quelques sacs d'argent, permettant de céder aux mauvaises tentations.

Cette vérité est encore rendue plus sensible par la rédaction du 7e paragraphe de la monographie intitulé : « Subventions. » Il s'agit de ces ressources que les ouvriers trouvent dans la bienfaisance de certaines personnes ou dans les organisations locales qui leur fournissent en proportion, non de leur travail mais de leurs besoins, un certain nombre d'objets que, sans cette munificence, ils seraient obligés d'acquérir. L'observation prouve combien l'extension de ce mode de rétribution assure la sécurité et le bien-être relatif des ouvriers ; cela se comprend bien facilement, le propre de cette subvention étant d'être proportionnée aux besoins des ouvriers.

Prenons pour exemple le paysan agriculteur et chasseur des steppes de la Terre noire d'Orembourg, dans la Russie méridionale. « Les subventions dont jouit la famille se rattachent aux droits d'usage sur les forêts, en vertu desquels la famille récolte le bois de chauffage et d'éclairage, le bois à charbon, le bois de construction pour l'entretien de l'habitation, des bâtiments et du mobilier consacrés à l'agriculture, le bois de charronnage et l'écorce de tilleul. On peut encore citer les droits de chasse, de pêche, et de cueillette, qui ne sont soumis à aucune des restrictions en usage dans les régions du centre et de l'occident de l'Europe. Indépendamment de ces subventions permanentes, le seigneur accorde des secours à la famille, dans toutes les circonstances où ses moyens d'existence se trouvent compromis, telles qu'incendie, disette, épizootie et maladies épidémiques [1]. » La famille du paysan agriculteur des steppes de la Terre noire trouve dans tous ces droits largement accordés un supplément considérable au salaire qu'il peut recevoir en argent.

Le chapitre des subventions devient d'autant plus court, que l'observateur se rapproche de l'Occident. La tendance à multiplier les populations en très grand nombre sur un terrain restreint épuise peu à peu ces subventions et rétrécit les ressources naturelles. Le travail, sous l'empire d'erreurs économiques, est réglé par la loi de l'offre et de la demande, loi qui assimile l'homme travaillant, pensant, capable de souffrir à une marchandise, à une balle de coton offerte sur le marché, loi sous l'empire de laquelle le maitre dit froidement : « J'ai besoin en ce moment de trois cents, de quatre cents bras ; je les prends, je les paie

---

[1] *Ouvriers européens*, 2me vol.

pendant deux mois ; ensuite je n'en ai que faire, je les renvoie et je ne me mêle pas de ce qu'ils deviennent. » Absolument comme le fabricant pourrait dire : « J'ai besoin de coton, je vais au marché et j'en achète ; je n'en ai plus besoin, je le revénds. » En dehors du paiement d'un salaire strictement mesuré, le maitre se croit dispensé de toute obligation envers ses ouvriers. La subvention a donc disparu.

Cependant, là encore, si réduite qu'elle soit, la subvention joue un rôle bienfaisant dans l'existence de certaines populations. Ainsi un ouvrier moissonneur, émigrant et propriétaire du Soissonnais, trouve dans les droits d'usage sur les biens appartenant à la commune un précieux appui ; c'est à ces droits qu'il doit le moyen de pourvoir à sa subsistance quotidienne [1].

Cette monographie indique nettement avec quel soin il faut examiner la question des biens communaux. Elle permet de comprendre comment, dans les campagnes, se développent ces sentiments de colère et de haine contre les propriétaires étrangers au pays qui viennent s'implanter dans les communes où la tradition assure l'existence de ces droits, qui les suppriment au nom de la loi écrite, de leur droit strict, et causent, par ces mesures, un mal immense aux populations.

L'observateur, en étudiant le mode d'existence des ouvriers, doit également analyser, de la manière la plus minutieuse, l'alimentation de la famille et établir le menu dont se compose chaque repas. Au premier abord, cette étude culinaire semble d'une médiocre utilité. La comparaison des diverses monographies montre cependant qu'elle est d'une aussi haute portée, aussi féconde en enseignements, que les paragraphes dont nous venons de parler.

Nous ouvrons la monographie d'un ouvrier anglais appartenant à un grand centre industriel, le « coutelier de la fabrique de Sheffield [2]. » Sa table est copieusement servie, car sa nourriture a pour base principale la farine de froment et la viande de boucherie ; la famille consomme une boisson fermentée, préparée dans le ménage. Nous nous reportons maintenant aux monographies d'ouvriers français. Leur menu fait pauvre figure à côté de celui qui orne quotidiennement la table du coutelier de Sheffield. Voici un « journalier agriculteur du Morvan [3]. » Le pain et la pomme de terre composent son régal habituel et les jours de fête seulement la viande apparait sur sa table. Mais ce régime ne constitue pas une exception et chez le « journalier agriculteur

---

[1] *Ouvriers européens*, 6ᵉ volume. — [2] *Ibid.* 3ᵉ volume. — [3] *Ibid.* 5ᵉ volume.

du Maine [1], » nous retrouvons un régime à peu près aussi frugal. C'est encore celui de l'ouvrier breton qui est appelé en Bretagne *pen-ty*. Il ne fait pas une chère plus grasse que ses autres compatriotes ; le pain, les pommes de terre, quelquefois le lard, une fois ou deux par an, la viande, telle est sa nourriture et celle de toute sa famille.

Si nous pénétrons dans la vie des ouvriers urbains, nous trouverons un régime un peu plus abondant ; l'ouvrier consommera plus de vin ou d'autres boissons fermentées, il se nourrira de viande de porc ; néanmoins, l'ouvrier de Sheffield l'emportera encore, comme régime fortifiant et tonique.

On a soutenu, et cette opinion trouvait récemment un écho à la tribune du Parlement, que la force des ouvriers anglais tenait à leur régime alimentaire et qu'il fallait y chercher la cause de la supériorité manifestée par la race anglaise. La race française, cependant, ne s'est pas manifestée dans l'histoire moins énergique que la race anglaise, elle s'est montrée aussi apte à supporter la fatigue ; elle n'a jamais déserté le travail, puisque même au milieu des décadences qu'elle a subies, l'esprit de travail ne s'est pas démenti chez elle. Lorsque, dans le cours des siècles, nous avons rencontré les Anglais, nous avons lutté contre eux avec avantage. Ainsi, dans la guerre de Cent Ans, nous les avons chassés de notre territoire. Aujourd'hui encore, la race française placée dans des conditions favorables affirme au Canada son indestructible vitalité.

Par conséquent, il ne faut pas accuser trop vivement le régime si sobre, mené par les paysans français, et lorsque les économistes poussent les ouvriers des villes à une alimentation plus luxueuse et plus abondante, ils les engagent dans une mauvaise voie.

Sans contredit, il faut que les ouvriers usent d'un mode d'alimentation substantielle, mais, considérons les paysans de la Bretagne ou du Morvan, ne vivant, en fait de produits animaux, que de quelques corps gras, et encore le lard n'est-il pas d'un usage quotidien. Appartiennent-ils à une race abâtardie, ces Bretons ou ces habitants du centre, qui suivent un régime si frugal ? Ils constituent, au contraire, une des races les plus fortes de la France, car une des premières causes de la prospérité des familles, et par la suite de la force d'un pays, c'est l'amour du travail et la sobriété, l'esprit d'épargne, qui accusent mieux que tout autre phénomène le respect de la loi morale et l'empire sur soi-même.

---

[1] *Ouvriers européens*, 5ᵉ volume.

Aussi, lorsqu'une race a vécu pendant des siècles dans la sobriété et le travail austère, lorsqu'elle a eu un magnifique développement, jusqu'à aller fonder des colonies prospères au-delà des mers, ils commettent une grave imprudence ceux qui, au nom d'une prétendue science, lui prêchent de dépenser plus qu'elle ne l'a fait jusqu'ici et de modifier son mode d'alimentation. Ils la trompent en affirmant que tout accroissement de bien-être matériel se traduira par un accroissement de grandeur, et le danger augmente, lorsque ces doctrines se font entendre le jour où la nation doit retrouver dans la pratique des vertus sévères et de l'abnégation personnelle les causes de grandeur momentanément éclipsées.

Nous nous sommes surtout étendus sur les paragraphes de la monographie qui, les plus techniques en apparence, semblaient peu intéresser la vie sociale ; cependant, ils contenaient des faits d'une haute importance, et en les étudiant d'une manière minutieuse, nous redressions des erreurs trop répandues, nous nous élevions à des considérations morales dont l'observation de la réalité garantit la parfaite exactitude. Tous les traits de la vie d'une famille, sont, en effet, des traits sociaux ; à côté de l'être matériel qui vit et satisfait ses besoins, il existe un être moral dont les traits se moulent sur ces traits matériels, les hommes étant beaucoup plus guidés par des habitudes que par des raisonnements et des discours.

IV.

L'exposé de la méthode des monographies suffit à réfuter les objections qui ont été soulevées contre elles. Nous voulons néanmoins les rappeler en quelques mots.

Il est inutile, a-t-on dit, de se livrer à un luxe d'observations aussi savantes pour connaître la population au milieu de laquelle nous habitons. Les faits de la vie publique ne manifestent-ils pas les tendances des ouvriers ? Ne parlons-nous pas la même langue, ne vivons-nous pas sur le même sol ?

Les monographies ont prouvé au contraire que la plupart des faits sociaux échappaient à notre attention. Un jour, l'auteur des *Ouvriers européens* se trouvait dans un département du Centre, chez un propriétaire dont la famille était depuis longtemps fixée sur ces lieux ; il posa quelques interrogations sur les mœurs et la manière de vivre des paysans : mais lorsqu'il eut contrôlé ses réponses par une étude plus complète des familles, il s'aperçut qu'un grand nombre de faits étaient ignorés d'un propriétaire qui cependant, paraissait mieux que tout autre, par son séjour dans le pays, être en mesure de les connaître.

On a reconnu l'art avec lequel le budget était établi, on a rendu justice à cette précision qui ne laisse échapper aucun centime ; mais le budget, a-t-on objecté, n'est qu'une sèche statistique de la vie matérielle de la famille ; à travers ces chiffres, nous ne sentons pas vivre la famille, ses sentiments nous demeurent inconnus. Le budget, sans doute, est un document statistique, mais qui voudra le lire avec attention comprendra déjà tous les traits matériels et moraux de la famille dont il traduit, avec les moyens et le mode d'existence, les habitudes morales. Lorsqu'un budget, par exemple, celui du tailleur de Paris, montrera que le chef de famille consacre le tiers de son salaire à des distractions et seulement une somme minime à l'entretien et à l'instruction de ses enfants, il manifestera mieux que de longues phrases, l'infériorité morale de cet ouvrier.

Le budget, néanmoins, n'est pas toute la monographie ; un des chapitres les plus importants est consacré à décrire la religion et les habitudes morales, et, soit en écrivant l'histoire de la famille, soit en étudiant les causes qui assurent son bien-être moral et matériel, soit en examinant les faits généraux qui déterminent sa manière de vivre, l'observateur a sans cesse devant les yeux ces sentiments d'un ordre plus élevé auxquels on l'accuse, à tort, de ne pas prêter une assez grande attention.

Que la description des familles ouvrières ne soit pas suffisante pour étudier sous toutes ses faces la constitution sociale d'un pays compliqué, nous en convenons sans peine. Lorsque M. Le Play a voulu décrire la constitution de l'Angleterre, il a usé d'un autre cadre établi avec non moins de méthode ; mais, sans les monographies, nous ne parviendrons pas à connaître les traits fondamentaux du pays, nous ne saurons jamais comment la masse du peuple jouit, grâce à l'action des classes dirigeantes de la sécurité du pain quotidien et est maintenue dans la voie du bien.

Ainsi, cette méthode des monographies qui semble isoler l'observateur sur des points minutieux, l'éloigner des grandes lignes sociales pour lui faire voir le pot-au-feu de la famille, cette méthode est une voie sûre pour arriver à surprendre sur le fait, à constater en fonction et avec leurs conséquences les institutions sociales. Elle tient en garde contre les illusions que l'on est porté à se faire quand on envisage l'ensemble des choses, sans les approfondir et les conclusions générales auxquelles elle amène reposent sur une certitude bien plus grande que lorsqu'on a procédé par des généralisations forcément superficielles. Enfin, elle révèle le mal social, et la connaissance du mal, n'est-ce pas, pour une nation, la moitié de la guérison ?

DEUXIÈME PARTIE

LES VOYAGES.

CHAPITRE I.

L'UTILITÉ DES VOYAGES.

I.

Nous venons d'exposer un des points fondamentaux de la méthode d'observation : *Pourquoi nous faisons des monographies* et *Comment nous faisons les monographies.*

Aujourd'hui, nous nous proposons de mettre en lumière un autre mode d'observation, les voyages, de rechercher l'utilité qu'ils présentent pour les différentes classes de la société, la direction qu'il importe de leur donner, la méthode selon laquelle ils doivent être accomplis.

Quoique la monographie soit le fondement indiscutable de la science sociale, il y a cependant un grand profit à retirer d'un voyage dans lequel on ne prendrait pas comme but spécial la description d'une famille, mais qui serait entrepris, suivant un plan raisonné, au milieu d'un pays offrant des faits utiles à observer. Nous comprendrons mieux, en effet, par l'exemple de l'étranger, comment se résolvent les problèmes sociaux qui sont l'angoisse de notre époque troublée ; nous saisirons les causes qui maintiennent ailleurs la grandeur et la liberté ; la vue des peuples étrangers nous convaincra peut-être que tout l'avenir d'un pays n'est pas enfermé dans les questions étroites sur lesquelles se concentre exclusivement l'attention des hommes publics.

Cette partie de la méthode est d'autant plus facile à pratiquer que les chemins de fer et les bateaux à vapeur ont donné aux communications une facilité jadis inconnue. On se transporte aujourd'hui plus rapidement à l'extrémité de l'Europe qu'on ne gagnait, au temps des antiques diligences, les frontières de la France. Le Tour du Monde en 80 jours n'est pas un vain mot. Aussi, au moyen de cette facilité des transports, les idées circulent d'une extrémité du monde à l'autre ; des grandes cités partent chaque jour, sous forme de journaux, de livres, de brochures, les engins de destruction qui battent en brèche les traditions et apportent les faux dogmes inventés par les rêveurs et les utopistes, les coutumes se perdent et les traits distinctifs de chaque pays s'effacent. Aucun peuple, si éloigné qu'il soit, n'est à l'abri de cette propagande. Mais si les chemins de fer ont servi puissamment la cause de la désorganisation sociale, ils peuvent aussi être un moyen de ramener les esprits au bien en permettant de placer plus facilement devant nos yeux l'enseignement qui se dégage de l'observation des peuples stables et prospères.

Les voyages offrent surtout une grande utilité, pour les membres des classes qui, par leur tradition, par leur richesse, par leur science sont en mesure d'exercer sur la société une réelle influence ; ils leur donneront la notion des devoirs qui a été perdue. Aux propriétaires fonciers, aux hommes qui veulent jouer le rôle des gentlemans anglais, ils apprendront comment les grands propriétaires deviennent des autorités sociales ; aux manuturiers ils feront apparaitre l'impérieuse nécessité du patronage ; les hommes voués à l'étude du droit s'y dépouilleront de leurs préjugés, car ils verront qu'un pays peut être sagement gouverné en dehors d'un code rédigé avec minutie et détruisant l'empire de la coutume ; aux hommes de lettres, aux publicistes, ils découvriront des faits ignorés et leur fourniront, par l'observation des mœurs, des coutumes et des institutions, un point d'appui solide. Pour tous enfin, les voyages seront le moyen le plus sûr de toucher du doigt le vice des théories préconçues sur lesquelles nos contemporains abusés prétendent asseoir le fragile édifice de la société moderne.

II.

Tout d'abord nous nous adressons aux jeunes gens de la classe supérieure ou dirigeante.

L'expérience le prouve, dans tout Etat, quelle que soit sa constitution sociale, il existe deux classes, la classe supérieure et la classe inférieure. Absorbés par la recherche du pain quotidien, comme nous l'avons rappelé à propos des monographies, les hommes qui appartiennent à celle-ci n'ont ni le temps ni la capacité de se dévouer au bien public ou de s'intéresser aux questions générales ; au contraire, la classe élevée se compose des hommes qui peuvent se dévouer à subvenir aux besoins matériels et moraux des êtres vivant dans une situation moins fortunée. Si, en outre, cette classe dirige les affaires publiques, elle est capable de s'inspirer de pensées plus élevées et elle pèse moins sur le budget de l'Etat que les politiciens. Le système des politiciens, introduit sous prétexte de rendre les charges accessibles aux classes démocratiques, a amené au pouvoir des hommes cupides et incapables, en même temps qu'il a rejeté les classes supérieures dans l'ignorance de leur rôle ; celles-ci ont donc aujourd'hui un véritable apprentissage à faire, en observant comment à l'étranger les mêmes classes maintiennent leur influence et s'acquittent de leurs devoirs.

Dans d'autres pays, les familles qu'une grande fortune immobilière place à la tête de la société sont dirigées par de fortes traditions, par un enseignement solide provenant de l'autorité paternelle et par le spectacle de la conduite qu'ont tenues leurs ancêtres. Dans notre société troublée et labourée par les révolutions, est-il nécessaire de le dire, de telles conditions ne se rencontrent plus ; la tradition est détruite et ce n'est pas la vue de nos désordres qui est capable de suppléer à l'enseignement donné par l'autorité paternelle. En même temps, comme les jeunes gens appartenant aux familles des propriétaires fonciers ne veulent pas servir les politiciens que dans le cours de nos vicissitudes, le hasard élève au pouvoir, ils ne savent comment employer le temps dont leur fortune leur laisse le libre emploi. Quelques-uns se consacrent à la noble carrière des armes, mais sous l'influence de circonstances que nous ne voulons pas examiner ici, ce nombre tend à se restreindre. D'autres consument, au milieu d'une déplorable oisiveté, les années les plus fécondes de la vie, celles dans lesquelles l'homme trouve au service de sa volonté des forces inépuisables et amasse les provisions intellectuelles et morales avec lesquelles il traverse les difficultés à venir Depuis quelques années, les jeunes gens de la classe supérieure se pressent plus nombreux qu'autrefois aux cours de nos Facultés de Droit; il en est peu qui se destinent aux carrières dont les études juridiques forment la préface obligée, mais la connaissance du droit est considérée comme un précieux complément d'instruction.

Nous ne connaissons pas de mode d'éducation plus inutile et plus dangereux. Avec l'organisation actuelle de nos Facultés. l'étude du droit apporte à l'esprit peu de notions utiles ; elle ne fait comprendre aux jeunes gens des classes élevées, ni le mécanisme d'une société, ni la place nécessaire qu'ils doivent y tenir ; elle détourne l'intelligence de l'observation féconde des faits, pour reporter l'attention sur les lois écrites au moyen desquelles les législateurs de la Révolution ont détruit les forces sociales ; enfin, comme cette étude se réduit le plus souvent à un exercice de mémoire, elle n'offre qu'un faible attrait et n'inspire pas à la jeunesse la saine passion du travail. A peine les années données au droit sont-elles écoulées qu'on oublie les innombrables articles du code appris uniquement en vue des examens.

Il est aussi de mode d'étudier l'économie politique, pendant la période consacrée à faire son droit, suivant l'expression usitée. Mais les observations que nous avons soumises à nos lecteurs à propos de l'étude du droit, nous avons lieu de les renouveler ici avec plus de force encore. L'étude de l'économie politique fausse l'esprit. Cette prétendue science, en effet, n'envisage qu'un côté de la question sociale : le problème de la production des richesses ; elle est donc incapable de faire comprendre aux classes élevées le rôle qui leur revient dans une société bien ordonnée et les causes qui ont amené la désorganisation actuelle ; l'économiste, en concentrant son attention sur ce seul point ressemble à un homme qui, désireux d'étudier la structure du corps humain, ne se préoccuperait que de l'embonpoint. L'économie politique, de plus néglige les questions morales et tend, ainsi, à faire croire que le but final d'une société, est la production de la richesse et que la force, la prospérité vraie d'une nation se mesure non à ses qualités morales, mais à son degré de jouissances. Sans doute, l'économie politique subit en ce moment une heureuse transformation ; nos lecteurs n'ont pas oublié l'article de M. Dejace qui montrait l'école nouvelle ne prenant plus comme point de départ des axiômes abstraits, mais essayant de tenir compte de la réalité ; toutefois ce n'est pas de l'observation, ce n'est pas de l'étude minutieuse et sincère des faits que part l'économie politique même rajeunie; elle se refuse encore à reconnaître que l'organisation de la famille doit avant tout attirer les regards de ceux qui se préoccupent de la solution des problèmes sociaux.

Les jeunes gens appartenant aux classes élevées trouvent, au contraire, dans des voyages entrepris avec méthode, l'enseignement qui ne se prête pas aux conceptions arbitraires. Ils sont en présence de réalités qui excluent les sciences faites à plaisir.

Les propriétaires fonciers se divisent en plusieurs catégories, auxquelles les voyages doivent être également recommandés : les propriétaires forestiers, les propriétaires agricoles, les propriétaires de gisements minéraux.

Il sera utile, aux premiers, de porter leur attention aussi bien sur le mode d'administration de la richesse forestière que sur la situation des populations rurales. De là, deux sortes de travaux qu'ils se proposeront comme but de leur voyage : le mémoire technique et l'enquête sociale. Ce voyage complétera l'enseignement supérieur, puisque ceux qui possèdent ces vérités pratiques ne les enseignent pas à l'école.

Les préoccupations des propriétaires agricoles et des propriétaires de gisements minéraux seront les mêmes que celles des propriétaires forestiers ; ils auront, comme ceux-ci, à s'enquérir, non-seulement des procédés de travail, mais de la manière par laquelle on pourvoit au sort de la population ouvrière placée dans leur dépendance. Deux questions s'imposent surtout à leur attention : le régime de la famille et le mode de transmission des biens. Comme nous le montrerons plus loin, il faut se livrer à une enquête directe personnelle, si l'on veut connaître ces deux points fondamentaux de toute organisation sociale ; en considérant la loi écrite, ces faits ne seraient jamais révélés ; car, dans un grand nombre de pays, le mode de transmission est en désaccord avec le texte des lois, la coutume persiste malgré les efforts des légistes pour la déraciner.

III.

Les manufacturiers forment, après les propriétaires fonciers, la deuxième branche des classes supérieures. Dans la société, ils se trouvent aux prises avec de sérieuses difficultés, non-seulement parce qu'ils sont tenus, sous peine de ruine, à maintenir leur fabrication à la hauteur de la concurrence étrangère, mais encore parce que leur devoir étroit est de garantir l'existence des ouvriers attachés à leur usine et d'empêcher que les chômages ne viennent compromettre la sécurité de leur existence.

Sous l'influence des théories économiques, il s'est répandu dans l'Occident des erreurs qui ont exercé sur la classe des manufacturiers et partant sur la société tout entière, l'influence la plus funeste. Le manufacturier veille avec un soin jaloux à ce que les produits qu'il fabrique soient assurés d'un débouché rémunérateur ; il prend les plus minutieuses précautions pour que les machines, les instruments nécessaires à la fabrication ne souffrent aucun dommage ; mais, quant à cet instrument supérieur et délicat entre tous, qui s'appelle l'ouvrier, et qui, plus que les machines encore joue un rôle essentiel dans l'industrie, il en prend parfois peu de souci ; lui demander tout le travail qu'il est capable d'exécuter, l'attirer par de séduisantes promesses aux jours de prospérité, puis le renvoyer sans scrupules lorsque la production, imprudemment surélevée, se ralentit, sans jamais veiller à ses besoins moraux, telle est, trop souvent, la conduite du chef d'industrie. Il s'est habitué à considérer l'ouvrier comme une sorte de machine vis-à-vis de laquelle il était quitte par le paiement du salaire et lorsqu'il a voulu justifier l'abandon coupable de ses devoirs, il a prétendu que les conditions du travail moderne rendaient le patronage impossible. Un voyage à l'étranger aurait convaincu ces industriels de la possibilité de ce patronage, que des hommes dévoués continuent à pratiquer; il leur aurait montré la paix profonde qui règne dans les pays où ces saines coutumes se sont maintenues, la force que donne à un patron le concours d'ouvriers fortement unis avec lui et, en même temps, il leur aurait indiqué les obstacles qui s'opposent au rétablissement de la bonne harmonie entre les maîtres et les employés.

Parmi ces obstacles figure en première ligne la multiplication de la population industrielle au-delà de sa juste proportion avec le sol, insuffisant désormais pour contenir des habitants trop nombreux. La Belgique, par exemple, est un des pays qui ont le plus souffert de ces pratiques poussées à outrance. Engoués des richesses minérales et persuadés que là où elles existaient, la misère ne devait pas atteindre les populations laborieuses, les manufacturiers ont aggloméré les travailleurs, sans examiner si les conditions naturelles du pays n'amèneraient pas un jour de cruelles déceptions, car la Belgique, pays exclusivement industriel, n'a pas organisé une émigration, qui forme, pour ainsi dire, la soupape de sûreté d'une population trop dense.

Jusqu'à ce jour, il est vrai, la charité a pu, en Belgique, porter remède à quelques-uns de ces maux; mais la charité s'attache surtout aux décadences irremédiables, aux misères qu'amène un évènement fortuit, c'est un palliatif qui produit tout au plus une guérison factice, œuvre d'un jour; or, le rôle des classes supérieures consiste surtout à assurer le sort de la classe ouvrière par le jeu naturel d'institutions sagement combinées.

Cette situation inquiétante n'a commencé à se développer que depuis que la Belgique s'est séparée de la Hollande. Car ce dernier pays, avec ses colonies prospères, avec ses nombreux vaisseaux, fournissait au premier un débouché assuré pour les produits industriels. Les deux pays se complétaient l'un par l'autre, et si les Hollandais avaient traité leurs voisins en compatriotes et non en sujets, la scission de 1830 n'aurait pas brisé une union si favorable aux deux contrées.

En étudiant, à l'étranger, les conditions au milieu desquelles se trouve placé le travail, les hommes qui dirigent de grandes exploitations industrielles se rendraient compte ensuite d'un grand nombre de faits qui leur échappent aujourd'hui ; ils apprécieraient le véritable état des nations avec lesquelles ils sont destinés à avoir des rapports d'affaires; le moyen de résister à une concurrence redoutable se manifesterait plus sûrement à leurs yeux.

Depuis quelques années, les représentants de l'industrie avaient espéré que le remaniement des tarifs de douane viendrait adoucir les maux dont ils souffrent ; aujourd'hui, cette ressource leur est fermée ; il ne leur reste aucun moyen d'obtenir des droits compensateurs sur les produits étrangers.

Peut-être s'aperçoivent-ils de la faute qu'ils ont commise en dédaignant toute autre demande de réforme. Nos souffrances ne proviennent pas seulement des tarifs, elles proviennent aussi des lacunes et des vices de notre régime fiscal et successoral. La crise, en un mot, était aussi morale qu'économique. Le désir imprudent de trouver un salaire élevé, le goût de la vie facile, la recherche du luxe, des distractions, la perte des habitudes simples, la rupture des liens qui existaient entre les maîtres et les employés, telles étaient les causes qui avaient amené la désunion sociale, l'incertitude de l'avenir et le prix élevé de la main-d'œuvre.

Si donc nos manufacturiers avaient approfondi la condition du travail dans les pays rivaux, s'ils les avaient vus en possession des garanties qui leur font défaut, ils auraient élargi la question, et adoptant une plus sage politique, ils auraient réclamé l'abrogation des lois qui pèsent si lourdement sur eux.

IV.

Après les propriétaires fonciers, après les manufacturiers, nous rencontrons les personnes adonnées aux professions libérales.

Jadis, lorsque les propriétaires fonciers jouaient dans la société le rôle qui leur revient, les professions libérales exerçaient une influence moins considérable, elles se consacraient à leurs devoirs professionnels et, comme elles étaient convaincues des vérités essentielles sur lesquelles reposent les sociétés, elles ne cherchaient pas à entrer en lutte contre les autres classes et ne tendaient pas à égarer l'opinion par la défense de théories inventées.

A mesure, au contraire, que le cadre solide qui avait soutenu la vieille France pendant des siècles commençait à se disloquer, les professions libérales, devenues plus envahissantes, sortaient de leur place. Dans les assemblées de la Révolution, elles formaient la majorité et à quelque groupe qu'appartinssent leurs membres, qu'ils fussent enrôlés dans les rangs des modérés ou parmi les jacobins, un même trait les distinguait : cherchant à faire table rase du passé, ils modelaient la nation sur les prin-

cipes abstraits de l'idéologie ; ils croyaient révéler au monde des
vérités qu'il avait jusque-là ignoré.

Contenues pendant quelques années par l'épée puissante de
Napoléon, les professions libérales rompent leur silence, avec le
retour de la monarchie à laquelle elles avaient porté des coups si
rudes. L'expérience ne les a pas éclairés, elles reprennent la défense des théories nouvelles, jettent le discrédit sur les traditions
et finalement mettent les fusils aux mains des ouvriers parisiens
qui renversent le gouvernement traditionnel en 1830.

Maîtresses sous la monarchie de Louis-Philippe, elles détruisent
encore ce pouvoir qui n'accordait pas à quelques-uns de leurs
membres le droit électoral. Sous les gouvernements suivants, elles
s'engagent de plus en plus dans cette voie ; aujourd'hui surtout,
elles se précipitent vers la vie publique. Avocats, pharmaciens,
médecins envahissent les assemblées, conseils municipaux, conseils
généraux, parlement. Il n'est pas de modeste procédurier qui, pour
avoir plaidé le mur mitoyen ou défendu un voleur sur les bancs
de la cour d'assises, ne se croit digne de présider aux destinées
de la France.

Une école de voyages serait donc d'autant plus utile pour les
professions libérales que, jouant un rôle important, elles sont
par la nature de leurs études entraînées vers les idées fausses.
Elles ne reconnaissent pas volontiers, en effet, la part d'influence
légitime qui doit revenir aux autorités naturelles. Les forces
sociales vivant par elles-mêmes leur inspirent une singulière
défiance et à leur action libre et désintéressée elles substituent
des institutions artificielles, des lois écrites, qui exagèrent la
part attribuée à la justice et aux représentants de l'État.
Cette tendance se remarque principalement chez les légistes.
Aussi, en France, les notions sur le rôle des lois et des coutumes
ont-elles été complètement dénaturées. Nous regardons les lois
écrites comme la principale, sinon comme la seule forme des
dispositions qui doivent régir les rapports des hommes entre
eux ; or, ces codes sont rédigés d'après des principes abstraits et
trop souvent en dehors de l'expérience et de la réalité.

Les nations latines s'appliquent surtout de nos jours à
étouffer les coutumes par un texte de loi ; au contraire,
les Anglais, les Américains et une partie des Allemands conservent le respect du passé et ne s'attachent pas à détruire
les coutumes séculaires qui ont maintenu la paix sociale.
Comme M. Claudio Jannet l'a montré dans son beau livre sur
les États-Unis, les coutumes, sous l'empire desquelles a vécu
l'Amérique, ont pour base le Décalogue ; les lois mêmes de trois

États ont été presque textuellement empruntées à la Bible.

Lorsqu'ils se rendront à l'étranger, pour y étudier la constitution sociale, les avocats et les magistrats se mettront donc au courant des faits sociaux qu'ils ignorent ou dont la véritable signification leur demeure voilée ; cette enquête consciencieuse les fera sortir du cercle dans lequel ils s'enferment, elles les convaincra de l'influence bienfaisante exercée par les coutumes que les législateurs ont la sagesse de respecter. Peut-être les préjugés les plus enracinés disparaîtront-ils à la vue de la prospérité et de la quiétude des familles qui ont conservé l'administration de leurs intérêts.

Les magistrats s'attacheront à un point spécial, les garanties qui assurent la plus complète indépendance aux personnes chargées de rendre la justice, ils se convaincront de la faible efficacité de l'inamovibilité pour placer le magistrat à l'abri de toute séduction et, en étudiant, par exemple, le rôle du *magistrate* anglais, ils penseront, sans aucun doute, qu'il ne suffit pas de nommer un licencié en droit à une place de conseiller ou de juge, pour le transformer en magistrat. Le magistrat digne de ce beau nom est fixé au pays dans lequel il est appelé à rendre la justice, il possède une situation personnelle, une respectabilité contre laquelle viennent se briser les tentatives du pouvoir, il n'est pas exposé à être envoyé à l'extrémité du pays, lorsqu'il aura signé un arrêt déplaisant. S'il ne jouit pas de cette haute position, si le magistrat est choisi sans garanties parmi les jeunes avocats, s'il est promené de ressorts en ressorts comme un simple fonctionnaire, il n'acquerra aucune influence ; il ne sera plus en réalité un magistrat, mais un simple employé de ministère. La justice sera abaissée.

V.

A côté des professions libérales, nous trouvons la classe des lettrés et spécialement celle des journalistes qui jouent aujourd'hui un rôle considérable dans l'organisation de la vie publique, malgré les vives attaques dirigées contre la presse.

Toutefois, si contesté qu'il puisse être, le journaliste n'en est pas moins devenu un puissant personnage ; au milieu de la vie moderne affairée, le journal rencontre de plus nombreux lecteurs que les publications d'apparence sérieuse, c'est lui qui jette les idées dans la foule, crée les réputations et renverse de leur piédestal les hommes que la faveur populaire y avait élevés. Le journaliste parle tous les jours au public ; il donne son mot

sur toutes les questions pendantes et cette tribune permanente sur laquelle il est si facile de monter lui donne une grande
force.

L'école des voyages ne saurait trouver une classe d'hommes
à laquelle son enseignement puisse apporter un plus salutaire
secours. Le journaliste vit, en effet, dans une atmosphère factice; il se passionne pour des polémiques; il applaudit les
coups que se portent les politiciens de haut parage; il ouvre le
feu contre le pouvoir et, sous sa plume intéressée à piquer la
curiosité, les plus légers incidents prennent de grandioses
proportions. Il contribue ainsi à reporter toute l'attention de
l'opinion sur des faits exclusivement politiques et, en gran-
dissant les évènements, à fausser l'esprit public.

Au milieu de ces luttes, l'état véritable de la nation lui
demeure obscurci; dans sa salle de rédaction, il se représente les
Français comme classés et rangés dans de petites boîtes qui
s'appellent les partis; jamais il ne voit les citoyens tels qu'ils
sont, exerçant telle ou telle profession, avec leurs préjugés de
classe, leurs intérêts primordiaux. Le philosophe du XVIIIe siècle
envisageait comme type l'homme dégagé de toute opinion particulière à un pays ou à une condition particulière, tel que la
nature l'avait fait, et raisonnant seulement sur deux ou trois
idées abstraites, c'était en vue de cette figure idéale qu'il se
proposait d'appliquer un système de gouvernement. Reprenant
inconsciemment ce procédé, le journaliste a sans cesse devant
les yeux l'homme de parti, l'homme philosophant sur les vertus
comparées de la Monarchie et de la République; il semble ré-
duire toute la vie d'une nation à des luttes pour la souveraineté.

Quelle autorité il puiserait, au contraire, dans l'observation
attentive des peuples étrangers et de la France. La mince importance des questions auxquelles il accorde une attention exclu-
sive se dégagerait à ses yeux, de même que les véritables causes
qui amènent la décadence d'une société; il se rendrait compte
des réformes nécessaires, sans lesquelles une nation est vouée aux
maux de l'anarchie ou condamnée à subir toutes les insolences de
gouvernements tyranniques. L'exemple des peuples qui, malgré les
tentatives de gouvernants révolutionnaires, réussissent à maintenir leur liberté, le convaincrait de la nécessité de faire un plus
fréquent appel à l'initiative individuelle, lui montrerait dans
quelles conditions cette initiative s'exerce utilement; il ensei-
gnerait à ses concitoyens trop disposés à mettre tout leur espoir
dans le gouvernement qu'ils sont les maîtres de leur sort par leur
énergie, leur entente des intérêts sociaux et que, grâce à une

vigoureuse organisation de la vie privée, ils sont en mesure d'atténuer les vices de la vie publique. En élargissant le cercle de ses vues, le journaliste saurait augmenter son influence devenue légitime, il parlerait à l'opinion publique un langage plus sérieux, plus utile ; il éclairerait la nation sur ses véritables intérêts, il montrerait un patriotique souci du sort de chaque classe et servirait avec efficacité la cause dont il prétend amener le triomphe.

Bref, la presse rajeunie prêterait un précieux appui à l'œuvre de la régénération de notre pays, elle guiderait l'opinion, au lieu de l'égarer.

II.

Les voyages deviendraient encore un utile complément de l'éducation des hommes de guerre qui devraient porter leurs investigations sur la formation et l'entretien des armées étrangères. Ils n'étudieraient pas seulement le côté technique des questions militaires, mais encore les rapports que présente la constitution de l'armée avec l'organisation sociale. Cette étude leur prouverait quelle force possèdent les armées, lorsque les grades supérieurs sont recrutés parmi les grands propriétaires : elles offrent une forte cohésion et se montrent plus aptes à la résistance.

Bien des études, par exemple, ont été faites sur l'armée allemande ; on a analysé savamment et le système de la mobilisation et le mode d'administration et les réglements relatifs aux manœuvres, mais telle est l'impuissance de l'esprit français, perdu de théories, telle est son incapacité à découvrir le véritable fond des choses, que la principale force de l'armée allemande n'a pas été aperçue, à savoir la forte hiérarchie sociale qui unit le soldat à l'officier. Le recrutement régional est, en effet, appliqué dans toute l'étendue de l'Allemagne et le soldat marche au feu sous la direction d'un officier qui soutient sa famille, l'a vu dès son enfance et sur l'appui duquel il a été habitué à compter. Aussi, malgré la dureté de la discipline, le soldat, l'accepte-t-il docilement parce qu'elle se présente à lui sous les traits d'un homme auquel il n'est pas seulement attaché par le lien éphémère du régiment, mais par des rapports sociaux permanents.

CHAPITRE II.

LA DIRECTION DES VOYAGES.

I.

Nous nous proposons maintenant d'indiquer les pays qu'il importe plus particulièrement de visiter.

Lorsqu'un jeune étudiant commence l'étude de cette science compliquée qui s'appelle la médecine, son premier soin est d'approfondir la structure intime du corps humain, de se rendre compte du rôle joué par les organes. Mais il ne porte pas d'abord son attention sur un corps défiguré par la maladie, sur des organes atrophiés; il se les représente, au contraire, tels qu'ils doivent être, il cherche à retrouver sous son scalpel leur organisation parfaite, et c'est seulement lorsqu'elle lui est apparue, après une observation anatomique minutieuse, c'est seulement lorsqu'il la possède dans ses plus intimes détails, qu'il aborde le chapitre si long des nombreuses maladies auxquelles ce corps est en proie. Il sera alors d'autant plus habile à prévenir leurs funestes effets qu'il aura connu dans toute sa pureté l'organisation normale.

De même, celui qui se propose de connaître les véritable lois sociales ne portera pas, tout d'abord, son attention sur les pays désorganisés, sur ceux dans lesquels les institutions fondamentales de l'humanité ont éprouvé de graves altérations. La vue de la loi morale considérée comme une invention humaine et non comme une révélation de la volonté divine, la vue de l'autorité paternelle affaiblie par la législation, de la famille dissoute, le spectacle de la religion traitée en suspecte, de la misère produite par l'accumulation des richesses, des classes pauvres réduites à l'isolement, le tableau de la foule égarée se livrant à tous les excès, se croyant investie d'une toute-puissance souveraine, aucun de ces faits déplorables ne pourraient apporter la connaissance des lois qui président aux rapports des hommes entre eux.

Assurément, il peut être salutaire de contempler le mal dans toute son étendue; un esprit viril rejette les naïves illusions qui pourraient surprendre son jugement; il ne recule pas devant la vérité tout entière. Toutefois, la contemplation du mal serait insuffisante à nous donner l'instruction sociale qui nous fait aujourd'hui défaut, car l'intelligence la plus solide exposée sans cesse au contact d'erreurs se défend mal de ce dangereux voisinage ; à son insu, elle cède souvent aux préjugés contre lesquels sa raison proteste et cependant, par une préférence injustifiable. nous avons toujours tourné nos regards vers les peuples attaqués.

Transportons-nous donc au milieu d'un pays qui a conservé les saines traditions ; étudions d'abord ces oasis de prospérité, comme on les a si heureusement nommées ; pénétrons-nous profondément de l'observation des peuples qui ont su se maintenir stables et libres à travers les vicissitudes des siècles, où chaque force sociale, chaque groupe, chaque institution occupe sa véritable place ; alors apparaîtront dans toute leur étendue les vices de notre organisation sociale.

II.

Les modèles les plus purs, ce sont d'abord trois petits pays : le Canada, la Biscaye, les vieux cantons catholiques de la Suisse, Schwyz, Uri, Unterwald. La médiocre étendue de leur territoire, les circonstances naturelles au milieu desquelles ils ont été placées, le travail agricole auquel ils se sont livrés, de préférence à l'industrie manufacturière, ont prévenu le développement des richesses qui auraient engendré la corruption ; ils n'ont pas vu s'élever chez eux de brillantes cités dans lesquelles une classe d'hommes, couvrant leurs convoitises et leurs haines du nom de la science, enseignent le mépris des vérités traditionnelles ; enfin, le pouvoir central n'a jamais, parmi eux, disposé d'une assez grande force pour entraîner le pays dans des agressions coupables qui auraient déchaîné tous les maux de la guerre et amené des succès appelant à leur tour de sanglantes représailles. Les trois pays ont échappé ainsi aux trois grandes causes de la corruption et, par suite, de la décadence des États.

Soit, nous répondra-t-on, le Canada, la Biscaye et les vieux cantons catholiques de la Suisse présentent un remarquable exemple de stabilité ; ils ont évité la plupart des maux auxquels nous n'avons pas su résister ; mais quelle utilité offrent ces études pour nous, citoyens d'un grand État ? Nous ne sommes pas seulement voués au travail agricole, mais aussi au travail industriel. Le développement exagéré de l'industrie constitue même un des faits les plus saillants des temps modernes ; il a provoqué de cruelles souffrances parmi les populations ouvrières dont il a profondément modifié les conditions d'existence, en même temps qu'il a amené la formation d'immenses fortunes. Le moyen de conjurer ces dangers impose aux sociétés contemporaines des préoccupations constantes. Notre territoire renferme un grand nombre de vastes cités qui ont accaparé un pouvoir abusif; oubliant leur véritable rôle, les classes élevées tendent trop souvent à transporter dans les villes le centre de leur activité; c'est également dans les villes que se rencontrent les savants politiciens et lettrés qui substituent leur pouvoir factice aux autorités naturelles. Notre patrie a tenu une grande place dans l'histoire; elle a compté, elle aussi, des périodes de prospérité, suivies malheureusement de douloureux échecs. L'influence qu'elle a exercée sur la marche de l'esprit humain a été telle que les théories de ses philosophes ont désorganisé l'Europe. Enfin, son territoire est entouré de puissants États qui l'oblige à mettre sur pied un nombre considérable d'hommes; la paix armée pèse lourdement sur nous; elle nécessite un luxe d'impôts que ces bienheureux États ignorent. Leur étude approfondie ne saurait donc nous apprendre aucun fait utile, car ils se trouvent placés dans une situation complètement différente de la nôtre.

Le Canada, la Biscaye, les vieux cantons catholiques de la Suisse offrent, au contraire, des terrains d'observation très riches pour un Français, chacun, bien entendu, à un point de vue particulier.

Voici, par exemple, le Canada, habité et fécondé par des enfants de la France. Nous trouvons là un grand enseignement en même temps qu'un encouragement capable de ranimer notre espoir au milieu des épreuves qui nous sont infligées. La race française, disent beaucoup de nos contemporains, est incapable de coloniser; elle n'est pas douée des mêmes qualités que les Anglo-Saxons, qui promènent leur drapeau dans toutes les parties du monde, car seuls ces peuples savent fonder des colonies fécondes, sous les latitudes les plus diverses, seuls ils ont conquis de nouveaux continents à la civilisation. Or, l'exemple du Canada renverse ce préjugé qui ne repose sur aucun fait. Les Canadiens étaient 60,000, il y a un siècle, aujourd'hui leur nombre n'est pas inférieur à 2 millions. L'Angleterre, redoutant leur expansion, s'était cependant efforcée de la restreindre; entourant les colonies françaises d'établissements anglais, elle avait tenté de les submerger dans un autre courant humain. Les Canadiens ont passé par dessus ces entraves; par leur travail, par leur fidélité aux traditions de la famille-souche, ils ont relégué leurs maîtres au second plan et sont devenus les véritables possesseurs du sol. Aujourd'hui même, ils débordent sur leurs puissants voisins.

Mais ce n'est pas la seule lutte qu'ils aient dû soutenir contre les conquérants ; ils ont arraché, après de longues années de combat, poursuivi avec une infatigable persévérance, les lois, la liberté sous lesquelles ils vivent. Telle est l'œuvre qui a été accomplie par les fils de cette France maintenant si stérile.

Nous cherchons, il est vrai, à pallier la décadence dans laquelle nous sommes tombés par une prétendue fatalité. D'après une opinion fort répandue, les races ressemblent aux individus : elles grandissent dans leur jeunesse, rencontrent l'apogée de leur puissance lorsqu'elles parviennent à l'âge mûr, et aucun effort humain ne prévient la décadence à laquelle la vieillesse les condamne. Or, nous avons retracé en quelques mots le tableau des progrès accomplis par la population du Canada, ils sont dûs à une race qui compte plusieurs siècles d'existence ; malgré cette antiquité, ses représentants étonnent le monde par leur expansion.

Cela est donc prouvé : nous ne sommes ni vieux, ni usés, mais nous sommes perdus par l'erreur. Depuis la fin du dix-septième siècle, nous nous sommes engagés dans une voie fausse et, trompés par les lettrés et les soi-disant savants, nous avons détruit les institutions qui seules assurent la paix et la prospérité. Nous avons mal employé le libre-arbitre que Dieu a donné aux individus comme aux nations, et nos folies coupables nous ont alors enlevé les biens que nous n'étions plus dignes de posséder.

Imitons, au contraire, nos frères d'outre-mer ; demeurons, comme eux, fidèles aux traditions dont le respect a jadis fait la grandeur de notre race ; revenons aux vérités méconnues ; débarrassons-nous des idées, des institutions, des préjugés qui ont altéré notre organisation sociale, et aussitôt nous recouvrerons la puissance et la force.

En Biscaye, nous devrons particulièrement étudier l'influence bienfaisante exercée par les libertés locales et les traditions de la famille-souche, que cette race vaillante a conservées avec une ténacité particulière. En voyant la sagesse qui préside au gouvernement des communes, nous comprendrons la justesse profonde de cette revendication de notre programme : la démocratie dans la commune. Le peuple sait diriger les intérêts qui le touchent directement ; il se montre apte à prendre des décisions dont il aperçoit les conséquences, dont il est en mesure d'apprécier par lui-même le bon ou le mauvais côté, et lorsque la famille fortement constituée donne à l'homme une solide éducation, lorsque la coutume lui confie le libre gouvernement de sa vie privée, le paysan sait apporter dans la gestion des affaires communales une sagesse que ne saura pas déployer la bureaucratie la plus perfectionnée. L'ordre règne à la base de l'État et les agitations de la vie publique exercent une influence moins profonde sur les communes qui ont conservé, avec leur indépendance, une indestructible vitalité.

Le spectacle des paysans de la Biscaye apporte également un puissant argument aux hommes qui voient dans le gouvernement de la famille par elle-même la meilleure constitution sociale. Telle est la merveilleuse élasticité de la coutume qu'en Biscaye elle attribue à une fille et non au fils, le devoir de continuer les traditions paternelles et de servir d'appui à une famille devenue nombreuse. Nous ne voulons pas nous étendre longuement sur le régime de la famille-souche ; nos lecteurs connaissent les magistrales descriptions qui en ont été tracées ailleurs par une plume hautement autorisée, qu'il nous suffise d'ajouter que nulle part, peut-être, il n'existe une soumission plus complète aux institutions fondamentales de l'humanité. Depuis un temps immémorial, ces institutions restent en pleine vigueur et produisent leurs effets naturels. Comme le disait un Basque avec orgueil : « Nous autres Basques, nous ignorons peut-être les arts, les lettres et toutes les sciences qui s'apprennent à l'école, mais nous connaissons profondément la loi de Dieu. »

De même que la Biscaye, les vieux cantons catholiques de la Suisse ont maintenu leur antique organisation à travers les révolutions qui ont bouleversé l'Europe ; ils sont restés fidèles à leur foi religieuse au milieu de cantons que la Réforme avait gagnés à sa cause, et quoique le gouvernement central se soit efforcé d'empiéter de plus en plus sur les droits de ces cantons, ils sont parvenus à soustraire leur liberté aux attaques dirigées contre elle.

Aussi nous recommandons vivement à nos contemporains l'étude des cantons catholiques de la Suisse, au point de vue de la résistance qu'il importe d'opposer aux hommes de destruction. Celui qui jette sur la situation de la France un regard désintéressé et impartial, conçoit toujours un vif étonnement de l'attitude des classes supérieures en face des tentatives de désorganisation sociale ; d'un côté, elles savent déployer une grande énergie oratoire, mais, de l'autre, lorsqu'il s'agit de passer à une résistance moins facile sans doute, mais plus efficace, elles hésitent, tâtonnent et font preuve d'une incroyable mollesse. Nous sommes toujours les fils des hommes du dix-huitième siècle ; même ceux qui se flattent de répudier leurs idées, ont gardé leur esprit déclamatoire, leurs tendances à la théorie. Des affirmations retentissantes, des déclamations stériles, des protestations peut-être très éloquentes, voilà la tactique que nous nous sommes obstinés à suivre, ressemblant à un général assiégé qui répondrait aux attaques de ses ennemis par une bruyante canonnade dirigée en l'air.

A première vue, il semble, comme nous avons eu l'honneur de l'exposer à la *Société d'Economie sociale*, que les conditions naturelles de leur existence mettent les vieux cantons catholiques à l'abri de la propagande qui s'est abattue sur les autres pays ; mais, en réalité, ils ont aussi à se défendre contre les tentatives des théoriciens et contre la pression du gouvernement. Toutefois, ils ne se sont pas laissé entamer aussi profondément que nous. Leurs droits, leurs plus précieuses libertés ont été maintenues avec courage, car, doués d'une grande clairvoyance, ils se sont gardés d'adopter notre ligne de conduite ; à la parole, ils ont préféré l'action, au lieu de débiter de véhémentes harangues, ils se sont promptement organisés en vue d'un mal qu'ils étaient condamnés à subir dans une certaine mesure. En un mot, par une solide organisation de la vie privée, par une énergie indomptable transportée sur le terrain pratique, ils ont barré le chemin à l'ennemi, ils ont atténué les conséquences que produirait une vicieuse organisation de la vie publique.

Si l'étude des vieux cantons catholiques intéresse les hommes qui se préoccupent des questions politiques, elle fournira aussi de précieux éléments d'information aux propriétaires fonciers. Il existe, en effet, dans cette région des *Allmenden*, sorte de corporation dont les anciennes familles font seules partie et aux avantages desquelles ne peuvent prétendre les nouveaux habitants ; une étendue considérable de terres et surtout les pâturages situés dans les montagnes, sont possédés par cette corporation. Ayant décrit ailleurs la constitution de cette propriété indivise [1], nous rappelons simplement que chaque membre de l'*Allmend* ou *genosse*, a le droit d'envoyer ses bestiaux dans ces pâturages moyennant une légère redevance ; il reçoit en outre une somme annuelle, dont le chiffre varie, une certaine quantité de pommes de terre et le bois nécessaire à sa consommation.

L'*Allmend* joue un rôle essentiel et bienfaisant chez ce petit peuple, elle remplit le rôle qui revient ailleurs aux grands propriétaires, et en assurant aux paysans, en dehors de leur propriété, de sérieux avantages, elle leur donne la faculté de supporter les risques des mauvaises années. Comme l'*Allmend* est administré d'une manière souveraine par les *genosse*, elle a rapproché les

---

[1] Voir les séances de la Société d'Economie sociale, 25 avril et 9 mai 1880. — Séance du 6 mars 1881, livraison de la *Réforme sociale* du 15 mai 1881.

habitants, les a habitués à la gestion d'intérêts communs et a ainsi développé chez eux de rares qualités administratives.

On objecte, il est vrai, contre l'existence de ces corporations, que leurs terres sont cultivées avec moins de soin que si elles étaient aux mains de propriétaires non indivis; en outre, si chacun n'était pas assuré de trouver des avantages aussi considérables dans les revenus de l'*Allmend*, il demanderait à un labeur plus énergique ses moyens d'existence. Ces objections ne détruiront pas l'influence heureuse qu'a exercée l'*Allmend* sur les populations de la Suisse. Nous ne proposons certes pas aux propriétaires fonciers d'employer tous leurs efforts pour transformer les terres de leurs communes en pâturages alpestres. Mais le spectacle qu'ils auront eu devant les yeux les aura peut-être convaincus des avantages que procure à une réunion d'habitants la propriété indivise, lorsque d'une part la terre n'est pas facilement appropriable. Dans les communes où ils exercent une véritable action, ils amélioreront le mode de gestion des bois communaux, l'expérience leur ayant montré tout le parti que des administrateurs intelligents retirent de ces biens.

Enfin, soit que nous observions le Canada, soit que nous portions nos investigations sur les vieux cantons catholiques de la Suisse ou sur la Biscaye, nous rencontrons un fait dont l'importance n'échappera pas au voyageur : ces trois peuples, qui méritent presque d'être considérés comme modèles, sont demeurés profondément catholiques. Or, certains lettrés soutiennent que la religion amène des résultats funestes pour les peuples qui continuent à la pratiquer. Le catholicisme est surtout, à leurs yeux prévenus, la cause de la décadence dans laquelle sont tombées plusieurs nations. L'exemple des trois pays dont nous venons de résumer la constitution sociale apporte donc une réfutation à cette opinion préconçue.

Nous croyons avoir suffisamment mis en relief l'enseignement fécond qui se dégagera d'une étude pratiquée, d'après la méthode d'observation, sur ces trois petits peuples ; nous voulons maintenant indiquer les autres nations auxquelles il serait particulièrement utile de consacrer une enquête.

III.

Parmi les pays de l'Europe qui, soit à cause de leur constitution, soit en raison du développement de leur richesse et de leur puissance, méritent d'attirer l'attention, figure l'Allemagne. Non-seulement elle constitue un état militaire de premier ordre qui pèse lourdement sur les destinées de l'Europe, mais elle envoie ses enfants dans toutes les parties du monde. Quoique ce pays ne possède encore aucune colonie importante, la race allemande, remarquable par sa fécondité, ne fournit pas moins chaque année un fort contingent d'émigrants, et les paroles que Robert Peel prononçait avec une légitime fierté au sujet de la race anglaise, indestructible à cause de son expansion, pourraient s'appliquer aujourd'hui aux Germains. Ils se transportent surtout en foule dans les États-Unis ; tel y est le chiffre de leur population, qu'ils exercent une influence sensible dans les élections. *Ubi bené, ibi patria,* voilà la devise de l'Allemand qui sait se plier à toutes les circonstances et, malgré l'éloignement, reste cependant dévoué aux intérêts de la mère patrie.

Les diverses catégories des classes élevées entreprendront utilement un voyage en Allemagne ; elles auront d'abord à rechercher par quelles causes s'est élevé ce formidable empire, et lorsqu'elles le verront répudiant les erreurs politiques et sociales qui nous ont entraînés à notre perte, elles sauront mieux quel chemin nous ramènera à la prospérité. L'Allemagne, en outre, s'impose à notre étude par un trait caractéristique : la décentralisation intellectuelle ; « la propagation de la science et de l'art sous l'influence de l'esprit provincial et des vieilles franchises universitaires. » La vie intellectuelle ne se concentre pas seulement dans une grande cité, elle se répand dans les moindres subdivisions du territoire et, en attachant les esprits cultivés au sol qui les a vu naitre, elle empêche les grandes villes d'acquérir une prépondérance néfaste et donne à la vie de province un charme inexprimable.

Quoique nous rencontrions dans toute l'Allemagne des faits intéressants à étudier, nous désignons particulièrement deux points de son territoire qui, plus que tout autre, méritent une visite spéciale : les mines du Haut-Hartz et les plaines du Lunébourg.

L'administration qui exploite les mines du Haut-Hartz a été guidée dans ses rapports avec les ouvriers par cette pensée : créer aux ouvriers des moyens d'existence qui ne puissent être compromis par les calamités publiques, par les chances commerciales ou par l'imperfection morale des individus. Le dévouement d'une administration s'imposant des charges considérables en vue de maintenir la paix sociale contraste avec les préoccupations des sociétés industrielles de l'Occident qui laissent de côté toute idée de patronage et recherchent avant tout des dividendes élevés. Les ouvriers du Haut-Hartz jouissent de l'usufruit perpétuel de leur domicile, ils sont armés de tous les droits utiles, sans pouvoir ni aliéner, ni hypothèquer un foyer sur lequel s'écoule une vie paisible et, par cette sage disposition, l'administration maintient la stabilité parmi ses ouvriers ; elle les préserve de l'influence des usuriers. Lorsque la loi est au contraire conçue à un point de vue théorique comme en France, lorsqu'elle prétend faire passer toute la nation sous le niveau d'une égalité géométrique et super-ficielle, un tel résultat ne peut être atteint : l'ouvrier demeure dans l'imposibilité de conserver un foyer, et de fonder une famille stable.

Dans les plaines du Lunebourg vivent des types admirables de famille souche, à domaines agglomérés avec l'habitation placée au centre de la propriété. L'autorité du père est appuyée sur la religion et le testament ; elle compte sur lé précieux appui du clergé. C'est à elle que revient le choix de l'héritier chargé de conserver le patrimoine et de payer des soultes à ses frères et sœurs ; le père écarte souvent pour remplir ce rôle les enfants qui sont doués des qualités les plus éminentes, et s'attache surtout à fixer ses préférences sur un enfant laborieux et rangé. Cette cou-tume était du reste observée dans quelques anciennes familles françaises qui laissaient aux individualités brillantes la faculté de sortir du foyer et de s'élever à de hautes positions. Le fils aîné prend le nom du domaine et ainsi se constitue une noblesse rus-tique, qui, comme la noblesse d'origine, tient à conserver les tra-ditions de ses ancêtres. « Aussi est-on fier, dans le Lunebourg, d'appartenir à telle ou telle maison. Pour elle on est prêt à tous les sacrifices. Aucun sentiment n'agit plus fortement sur les âmes que cet amour du hof paternel. Tout s'y réunit en effet : l'affection pour la famille, l'amour du sol natal, la responsabilité de l'honneur commun, l'ancienneté d'une origine plusieurs fois séculaire. »

Parmi les principaux traits de ces familles sur lesquels devra se porter l'attention de nos contemporains, se trouve l'importance accordée au culte domestique. Le maître y fait la prière matin et soir, entouré de ses enfants et de ses serviteurs, qui sont traités comme les membres de sa famille. Cet usage touchant était pratiqué dans les familles chrétiennes de la vieille France ; elles n'établissaient pas entre elles et leurs domestiques une ligne de démarcation profonde et étaient pénétrées des devoirs de patronage dont nous avons perdu la notion.

Nous venons de signaler en Allemagne des pratiques, des insti-tutions tout à fait dissemblables des nôtres ; nous avons rencontré chez elle, au milieu des abus, des misères et des corruptions, compagnes inséparables de la puissance, les saines traditions de l'humanité conservées avec une intelligente tenacité ; aussi ce pays n'a pas vu sa prospérité diminuer, parce qu'il a rejeté le culte des faux dogmes devant lesquels nous nous prosternons.

Considérons maintenant l'empire voisin qui occupe sur la carte d'Asie et sur la carte d'Europe une superficie considérable. Par son étendue, par sa population, il mérite d'être rangé parmi les quatre grands empires qui se disputent la domination du globe ; chaque jour est marqué par un progrès de sa puissance ; ses armées ont vu briller devant elles les étincelantes coupoles de la capitale de l'Islam et si la diplomatie européenne est parvenue à sauver l'empire ottoman d'une catastrophe imminente, il n'en est pas moins démembré, humilié, réduit à une sorte de vasselage ; la Russie veille à ses portes. Dans l'Asie-Mineure, la Russie a triomphé de l'énergique résistance que lui ont opposée les courageux paysans du Caucase ; malgré ses dénégations officielles, elle a étendu son empire sur tout le Turkestan. Samarcande, Khiva, Khokand sont successivement tombés sous ses coups. Maintenant elle se heurte aux possessions de l'empire britannique, tandis que, par la Sibérie et ses nouvelles conquêtes dans l'Asie centrale, elle confine à l'empire chinois. Un traité récent conclu avec le gouvernement de Pékin lui ouvre les steppes de la Mongolie et ses consuls ont la faculté de séjourner dans les villes avoisinant la frontière de Sibérie.

En même temps, la Russie est en proie à une redoutable agitation révolutionnaire : les doctrines des novateurs ne sont pas restées à l'état de théorie, elles se sont traduites par des attentats dont le sanglant souvenir demeure présent à tous les esprits. Cette agitation si redoutable n'a pas arrêté les progrès du grand empire et lorsqu'un voyageur voudra se rendre compte d'une situation, en apparence inexplicable, une enquête minutieuse lui apprendra que la Russie, malgré la désorganisation de ses hautes classes, est encore assise sur deux bases très fortes : une organisation puissante de la famille dans le peuple, une organisation non moins solide de la commune.

C'est à ces deux éléments qu'elle est redevable de sa puissance, c'est grâce à eux qu'elle a pu jusqu'à ce jour traverser des crises dans lesquelles un autre État aurait perdu sa grandeur, sa liberté et sa fortune.

L'étude de l'organisation sociale de la Russie fera encore apparaître aux yeux de l'observateur le péril des réformes décrétées brusquement, sous l'influence des lettrés et des théoriciens. Car la plupart des maux dont souffre l'empire russe proviennent de la rapidité avec laquelle à été opérée la réforme connue sous le nom d'émancipation des serfs. Incontestablement des abus s'étaient glissés dans le système qui était en vigueur avant 1861. Quelle institution humaine s'est en effet maintenue pendant le long cours des siècles dans un état de perfection idéale ! Mais, comme l'ont montré les intéressants articles sur la Russie publiés dans cette Revue [1], sous l'empire d'une réforme mal conçue, la petite noblesse à été détachée du sol qui ne lui fournissait plus les moyens de vivre ; désabusée, aigrie contre l'autorité du gouvernement, elle s'est jetée dans les folles rêveries du nihilisme et, sur un grand nombre de points, les paysans, abandonnés à eux-mêmes, ont été livrés à toutes les mauvaises influences qui sont venues les assiéger. Si le gouvernement russe avait employé plus de temps et de ménagements dans la réforme des abus, s'il s'était contenté d'améliorations partielles au lieu d'une refonte générale de toute l'organisation sociale, il n'aurait pas vu surgir les nombreuses difficultés dont il n'a pas encore triomphé.

Nos lecteurs seront peut-être étonnés de ce que nous n'ayions pas encore nommé l'Angleterre parmi les pays qu'un voyageur prendra comme but d'une exploration sociale. L'influence des grands propriétaires assurée par la transmission intégrale du patrimoine, leur dévouement gratuit aux affaires publiques, le respect de l'autorité paternelle, la prodigieuse expansion de la race anglo-saxonne, et, en même temps, le mercantilisme des manufacturiers anglais, l'action exercée sur le monde industriel par les doctrines de l'école de Manchester, l'ébranlement de la constitution attaquée par les novateurs, n'est-ce pas là, dira-t-on, des sujets d'étude d'autant plus utiles à approfondir pour un Français du XIXe siècle, que l'Angleterre a eu l'art, jusqu'à ce jour, de conjurer les révolutions par des réformes opérées en temps opportun ?

Nous ne faisons nulle difficulté de le reconnaitre, l'Angleterre mérite plus que tout autre l'attention des hommes qui « sentent le besoin d'avoir la manière et les coutumes des autres pays, pour donner ordre au fait de la justice et de la police du royaume, » suivant la judicieuse expression de Louis XI au baron du Bouchage. Mais l'Angleterre a été déjà l'objet de nombreuses études ; M. Le Play a consacré à la Constitution de l'Angleterre un de ses plus remarquables ouvrages. Nous avons donc cru préférable de signaler des États dont l'organisation sociale était plus voilée à nos yeux. Comme nous l'exposerons plus loin,

[1] Voir la *Réforme sociale* du 1er juin et du 1er juillet. *L'État social de la Russie*, par M. Boyenval.

l'Angleterre sera surtout intéressante à étudier dans les colonies que l'énergie persévérante de ses enfants a su transformer en grands empires.

Si nous voulions du reste passer en revue tous les Etats de l'Europe, nous nous convaincrions que tous renferment de féconds sujets d'étude. Quel fruit nous pourions par exemple retirer d'une enquête poursuivie en Hollande. Ce petit pays ouvert de tous côtés à de puissants voisins a conquis sa liberté par une ténacité, un courage, un patriotisme qui n'ont reculé devant aucune épreuve. Obligé de défendre contre les éléments une existence sans cesse menacée, il a donné aux travaux publics une organisation qui forme un des traits caractéristiques de sa constitution sociale ; cette rigoureuse nécessité a été même pour lui un de ses moyens de salut, lorsque envahie par des ennemis redoutables, il a été placé, dans cette cruelle alternative, la ruine ou la perte de l'indépendance. Au milieu du nivellement général de l'Europe, qui résulte de la facilité des communications, les populations de la Hollande et surtout celles de Groningue, d'Over-Yssel, de la Frise tiennent avec passion à leurs vieux usages. Enfin la Hollande a été le théâtre d'une magnifique efflorescence artistique ; mais, au lieu d'engendrer la corruption, comme ils l'ont fait souvent dans les pays où ils se sont développés, les arts se sont soudés à la famille qu'ils n'ont pas désorganisée.

En Espagne, l'observateur constaterait l'attachement à la foi religieuse survivant aux agitations factices des partis et aux misérables querelles des politiciens, et, dans les campagnes, le maintien des rapports affectueux entre les classes élevées et les classes populaires. Lorsqu'il porterait ses regards sur une autre nation latine, sur l'Italie, il se trouverait en présence d'un spectacle analogue, des populations rurales conservant encore les bonnes traditions du passé, quoique la souveraineté soit tombée entre les mains des novateurs. Enfin, dans l'Europe orientale, les communautés slaves, avec leurs touchantes coutumes de fiançailles et leur individualité persistant sous la conquête, la Turquie, échappant à l'antagonisme qui ravage certaines nations de l'Occident et offrant un éclatant contraste entre les désordres de la vie publique et le calme de la vie privée ; les pasteurs de l'Arcadie avec leurs mœurs primitives dont la description a été la première poésie pastorale ; voilà sans nul doute des sujets d'étude intéressants pour des voyageurs préoccupés de la solution des problèmes sociaux.

Enfin, à celui qui désirerait avant tout retrouver un des types les plus purs de cette forme de famille appelée si heureusement famille-souche, nous conseillons d'entreprendre une excursion dans les pays scandinaves, « véritables oasis de prospérité. » Là se rencontrent plusieurs types de populations à décrire, le paysan suédois soumis au régime de la transmission intégrale, le Nigbygghi, pionnier défricheur, dont la vie ressemble à celle du pionnier américain, le pêcheur côtier, auquel la mer fournit des moyens abondants d'existence et qui lutte chaque jour contre le danger.

IV.

Nous ne devons pas seulement concentrer nos regards sur l'Europe, mais chercher aussi dans les autres parties du monde l'enseignement qui ressort des mœurs et des coutumes étrangères. Tout d'abord, le continent asiatique s'impose à notre attention par le grand rôle qu'il a joué dans le monde. C'est là, en effet, que l'humanité a pris naissance; elle est partie du plateau mystérieux que les Asiatiques appellent le « toit du monde » et, dans le cours des âges, les chocs sanglants entre les hordes menées au combat par de sauvages conquérants et les armées européennes ont amené, avec le rapprochement des deux continents, une série de transformations matérielles dont l'influence s'est fait sentir jusqu'à notre époque.

Au milieu de l'Asie, il s'est formé un grand empire dont la population est à elle seule supérieure à celle de toute l'Europe; « terre classique des révolutions et des changements de dynastie » suivant l'expression d'un des hommes qui l'ont le mieux compris, cet empire a été le théâtre d'effroyables guerres civiles ; il est affligé de vices honteux et ses grandes cités n'ont rien à envier comme paupérisme, à celui qu'a engendré chez nous le développement exagéré de l'industrie. L'administration de ce gigantesque Etat n'est pas demeurée non plus à l'abri de la corruption. la vénalité des mandarins est devenue proverbiale et un homme avisé s'abstient d'entretenir des rapports avec la justice.

Cependant, malgré ses vices qui ont si vivement frappé les yeux d'un certain nombre de voyageurs, la Chine reste debout depuis une période qu'il est difficile de déterminer. Confucius vivait 550 ans avant notre ère et déjà il restaurait les coutumes des ancêtres oubliées par un peuple qui s'était écarté de la bonne voie ; déjà l'empire chinois avait passé par des périodes de prospérité et de décadence. Pour retrouver dans l'histoire un exemple semblable de longévité, il faut se reporter à l'antique royaume des Pharaons, dont les historiens n'ont pu établir la prodigieuse durée avec certitude.

Il sera donc utile d'approfondir la cause qui a rendu ce grand empire stable, d'examiner sur quelle base il a reposé. Cette cause, est uniquement la forte constitution de la famille, le respect profond de l'autorité paternelle ; seule, elle a empêché les germes de corruption que renfermait l'empire d'amener sa décomposition ; seule, elle a été la colonne qui a soutenu cet immense édifice. Pour nous, qui, au milieu d'une existence compliquée, avons substitué des combinaisons artificielles aux autorités véritables et considérons que les temps modernes ne peuvent s'accommoder d'une forte constitution de la famille, il y aurait intérêt à pratiquer la méthode d'observation au milieu de l'empire chinois; son étude redresserait les erreurs dangereuses qui ont été accumulées par les théoriciens.

Parmi les populations soumises à la Chine, le voyageur n'en saura observer de plus intéressantes, de plus curieuses, au point de vue social que celles qui vivent sur les steppes de l'Asie centrale. Depuis le commencement du monde, elles mènent une existence nomade à laquelle les condamne la nature du sol ; l'entretien des troupeaux est leur unique moyen d'existence. Sur une étendue de plus de deux cents lieues, l'observateur ne découvrirait pas le moindre vestige d'agriculture. Les Tartares Mongols reproduisent les traits de l'homme primitif et c'est parmi eux, surtout parmi les Khalkas, qu'on rencontre des mœurs semblables à celles dont la Bible a laissé une description si poétique. Dans ces pays, nous observerons un développement intense de la vie religieuse, car, depuis que le boudhisme a rallié à son culte les populations nomades, leurs mœurs se sont policées, les farouches descendants de Tamerlan et de Gengis-Kkan sont devenus aussi doux, généreux, hospitaliers, qu'ils avaient été jadis féroces et turbulents. Enfin, dans la steppe, nos observations prendront surtout comme objectif la constitution de la famille, puisque là s'est conservé un des trois types de famille, la famille patriarcale. Celle-ci forme par elle-même une organisation complète, vivant toute entière groupée autour de l'autorité respectée du père, et obstinément fidèle aux traditions enseignées par ce dernier avec l'aide des Lamas.

Toutefois, nous croyons qu'une excursion lointaine comme celle de la Chine et de la Tartarie ne séduira qu'un petit nombre de voyageurs. Les Chinois ont la réputation de se montrer peu aimables à l'égard des étrangers et, même dans les villes, il est souvent prudent de dissimuler sa qualité d'Européens, car « les diables d'occident » risqueraient fort de subir un mauvais parti de la part de la populace ameutée. Si même le voyageur échappe à ces fâcheuses aventures, il doit s'attendre à mille vexations de la part des autorités. Un voyage en Chine suppose donc une somme d'énergie, de prudence, et de ténacité qu'il est difficile de demander à tous les voyageurs.

Dans les steppes de la Tartarie, ce n'est pas le mauvais vouloir de la population, mais la rigueur des éléments qui offrent des obstacles difficiles. « Pour l'air, dit un vieux voyageur, Jean du Plan de Carpin, il est extraordinairement inégal chez les Tartares : car en été, lorsque ailleurs le soleil est le plus fort et le plus chaud, ce ne sont que tonnerres accompagnés de foudres qui tuent force gens. Il y règne aussi des vents si forts et si orageux qu'on a bien de la peine à se tenir à cheval en voyageant. »

Il est donc vraisemblable qu'au lieu de ces expéditions pénibles, les voyageurs, désireux d'approfondir la constitution sociale des peuples étrangers, jugeront préférable de traverser l'Océan atlantique sur un bateau à vapeur où ils trouveront le confort de la vie moderne et de débarquer à New-York, dans un pays d'aspect plus séduisant. En parcourant les États-Unis, ils observeront des faits d'une haute portée sociale. Le développement prodigieux de cet immense empire leur montrera la puissance d'expansion de la race anglo-saxonne, qui pousse ses vigoureux rejetons dans les parties du monde encore vierges ; sans doute des symptômes de corruption, des désordres, viendront souvent affliger leurs regards ; nos habitudes européennes seront heurtées par les mœurs de cette société qu'emporte le vertige des affaires ; mais lorsque nous voudrons procéder à une enquête minutieuse sur ce peuple qui a marché d'un pas si rapide vers la puissance, nous nous convaincrons qu'il n'a pas perdu la première condition de la prospérité : le respect de la loi de Dieu. Les colonies américaines ont été fondées par des hommes qui prenaient pour règle de conduite le Décalogue et quoique les États-Unis actuels ressemblent bien peu aux Etats primitifs du XVIIIe siècle et même du commencement du siècle, il sera facile de rencontrer encore les traces de la discipline morale qui leur a valu leurs premiers succès. La loi du dimanche, par exemple, est respectée dans l'industrie. Le gouvernement ne s'érige pas en censeur des vérités essentielles qui ont été admises par tout le genre humain ; il invoque le nom de Dieu dans les actes publics et le premier acte du nouveau Président a été de fixer un jour de prières publiques, sans qu'aucun parti ait protesté contre cette décision. Enfin, si relâchés que paraissent les liens de la famille, plus d'un observateur, dans un voyage récent, a constaté la persistance de pieuses habitudes au sein des cités en apparence les plus désorganisées.

L'exemple des États-Unis ne justifie donc pas les théories préconçues des hommes qui prétendent fonder la prospérité des nations sur la négation et l'oubli des vérités essentielles. Sans les traditions vigoureuses dont ils avaient reçu le dépôt, les Anglo-saxons auraient été incapables de supporter en Amérique la prospérité matérielle à laquelle leur génie pratique les a conduits.

La séparation complète de la vie privée d'avec la vie publique s'imposera également à l'attention des voyageurs ; ils retrouveront là le type du politicien avec ses traits les plus accentués, faisant des affaires publiques un métier rétribué, captant les suffrages d'une foule vénale par des promesses bruyantes et se jetant sur le pouvoir comme sur une mine féconde à exploiter. Mais au-dessous de cette couche superficielle, une nation s'agite, vit, prospère, travaille, sans que son essor soit arrêté par les divisions des politiciens.

V.

Nous exprimions plus haut l'opinion qu'un voyage dans les possessions anglaises serait une des excursions les plus intéressantes à entreprendre au point de vue social. L'Australie surtout attirera à juste titre les observateurs ; l'Australie, inconnue encore, au commencement du siècle, habitée par des populations féroces et dégradées, continent inexploré, dont aucun Européen n'avait osé sonder les profondeurs et qui en ce moment voit s'élever des cités opulentes dignes de rivaliser avec les plus grandes capitales de l'Europe, donne à l'élevage des troupeaux un développement invraisemblable et couvre de ses produits les marchés du vieux monde. Aujourd'hui, en effet, on trouve en Australie trente millions et demi de moutons représentant 457,500,000 fr. par an, une exportation de 152,500,000 livres de laine, d'une valeur de 290,000,000 de francs. « Quand, en regard de ces chiffres, on songe qu'en 1797 cinq brebis et trois mérinos furent introduits en Australie, que c'est seulement en 1823 que se vendaient pour 2,200 fr. sur le marché de Londres, douze balles de laine qui étaient la première exportation du continent australien, n'est-on pas saisi d'étonnement ? »

L'Australie est appelée à jouer un rôle de plus en plus important dans le mouvement commercial du monde, et, par sa production croissante, elle réduira peut-être au second plan, dans un avenir prochain, les pays qui avaient jusqu'à ce jour absorbé le mouvement des échanges.

A côté de cette expansion de la race anglo-saxonne qui n'a pas d'égale dans l'histoire, le voyageur étudiera les résultats qu'a produits sur des sauvages féroces la prédication du christianisme. Depuis que la voix d'une religion supérieure s'est fait entendre à eux, leurs mœurs se sont adoucies, leurs habitudes de cruauté ont été abandonnées et ils ont donné, sur un terrain plus restreint bien entendu, l'exemple d'une transformation morale analogue à celle des Tartares-Mongols [1].

La puissance de la famille souche s'affirmant avec éclat sur le continent australien par l'empire que ses enfants y ont fondé, la vertu d'une religion épurée se substituant à un grossier fétichisme et apportant à des peuples sans moralité les vérités éternelles du Décalogue, tel est l'enseignement que nous fournira l'étude de l'Australie. On ne saurait en découvrir, nous semble-t-il, de plus concluant en ce qui concerne les vérités sociales.

VI.

« A tout seigneur, tout honneur, » dit un vieux proverbe, et cependant dans l'énumération des régions dont nous avons recommandé l'observation, nous avons jusqu'ici omis la France. Nous croyons, en effet, que l'exemple des pays étrangers est le plus propre à convaincre nos contemporains des erreurs qui nous dominent depuis plus d'un siècle ; en retrouvant la prospérité chez des peuples rebelles à notre exemple, nous serons peut-être persuadés que nous ne possédons pas la connaissance intuitive des vérités sociales et nous serons dès lors plus disposés à remettre en vigueur les mœurs, les coutumes et les institutions auxquelles les autres Etats sont redevables de leur prospérité.

Toutefois, un voyage en France peut offrir de précieux renseignements aux observateurs désireux d'étudier les faits sociaux. Ils pourront d'abord porter leur attention sur les provinces les plus désorganisées, et se rendront compte, par ce moyen, des maux dont souffre notre pays ; mais nous leur conseillons, de préférence, de diriger leur enquête sur les contrées qui n'ont pas encore profondément subi l'action des lois révolutionnaires, afin de mieux apprécier les ressources sur lesquelles il nous est permis de compter, pour rétablir la prospérité perdue.

[1] *La Nouvelle-Nursie*, histoire d'une colonie bénédictine dans l'Australie occidentale par le R. P. Dom Théophile Bérengier. Lecoffre, éditeur.

Commençons notre excursion par les côtes de Bretagne. Nous y rencontrons les pêcheurs côtiers qui ont conservé leur physionomie originale, mieux que la plupart des populations du centre de la France ; l'inscription maritime les tient en dehors du mouvement qui entraîne tout le pays ; leur langue particulière, qui n'a pas encore disparu, les préserve, en outre, de la propagande exercée par les journaux ; néanmoins, ils commencent à subir l'influence des idées nouvelles. Ainsi la monographie du Pen-ty breton [1], qui figure au quatrième volume des *Ouvriers Européens*, permet de constater quelles modifications tendent à se produire sous l'influence de l'instruction primaire répandue sans contrepoids. L'on a remarqué, dans les villes, un trait analogue : l'instruction ruine trop souvent l'autorité du père ; lorsque celui-ci n'a reçu qu'une éducation incomplète, il se persuade que son enfant élevé à l'école primaire lui est supérieur. C'est la perte totale de toute tradition, c'est l'abdication de la première autorité naturelle, c'est la disparition de l'esprit de famille.

En continuant notre excursion sur les côtes, nous trouvons dans la Charente-Inférieure, à l'embouchure de cette rivière, sur le rivage qui retourne vers le nord, les Saulniers-lettriers. Les conditions de leur travail sont toujours réglées par les concessions que leur a accordées la royauté. La lettre est une sorte de marque qui se transmet traditionnellement ; les saulniers vivant sous ce régime, ont un droit perpétuel au travail de certains marais et reçoivent la moitié du sel produit, à la condition de faire tous les travaux, y compris les réparations que le marais exige. Les rivages sur lesquels ils habitent ont été les témoins de nombreux essais de pisciculture. Le commerce des huitrières, en particulier, est devenu pour les habitants de la Charente une source de revenu de plus en plus important.

Les saulniers-lettriers présentent, par leurs mœurs, un frappant contraste avec les bordiers de l'Aunis, chez lesquels la désorganisation sociale a fait d'effrayants progrès, depuis le commencement du siècle. Apre au gain, ne rêvant d'autre jouissance que celle procurée par la grossière passion des boissons alcooliques, indifférent à toute notion élevée, vivant dans un oubli absolu de la loi de Dieu, tel est le bordier de l'Aunis. Il n'y a qu'à jeter les

---

[1] Voir la *Réforme sociale* des 1er et 15 octobre et du 1er novembre 1881.

[2] Le Pen-ty n'est pas un pêcheur, mais les mêmes causes ont ébranlé les populations maritimes.

yeux sur la monographie insérée dans les *Ouvriers Européens* [1], pour se rendre compte de la dégradation dans laquelle tombent les classes rurales chez lesquelles toute saine influence a disparu : l'homme est abaissé au dessous de la bête.

Lorsque nous parcourons les côtes de la Méditerranée, notre attention sera attirée par les pêcheurs côtiers de la Provence, sur lesquels la *Société d'économie sociale* a entendu une communication pleine d'intérêt [2]. Ces populations conservent leur juridiction particulière, avec les formes anciennes de la justice, s'appuyant sur des coutumes transmises oralement. Elles sont demeurées fidèles au respect du dimanche et ont résisté jusqu'à ce jour, avec succès, aux tentatives faites pour les désorganiser. « Une production spontanée vient abondamment pourvoir les pêcheurs des ressources alimentaires propres à accroître leur vie, à les aider dans la formation et le développement de leurs familles ; l'esprit religieux, né de la reconnaissance qu'ils éprouvent pour leur Créateur, maintenu par des coutumes fécondes, satisfait au besoin de pratiquer la loi morale dont l'homme ne saurait se passer. Combinant, dans une heureuse mesure, l'acquisition de leurs humbles fortunes et la conservation de l'esprit de sagesse qui leur a été départi ; simples encore comme ces « hommes de bonne volonté, » parmi lesquels Jésus choisissait ses disciples, ils ont le mérite d'avoir su garder, avec une organisation sociale féconde, des sentiments religieux courageusement mis en pratique, des mœurs pures et l'amour de la paix. »

Malheureusement, comme sur les côtes de Bretagne, comme sur celles de la Charente, nous voyons les bonnes mœurs s'ébranler, les pieuses coutumes moins fidèlement suivies, la paix sociale qui avait régné pendant tant de siècles compromise. La jeunessse devient avide et amoureuse du luxe ; sous l'empire d'un faux respect humain, elle s'abstient de paraître aux cérémonies religieuses, dont l'accomplissement était jadis, pour elle, une joyeuse fête ; l'influence des erreurs soutenues par les mille voix de la presse, trop souvent aussi par les agents du pouvoir, renverse peu à peu les vérités traditionnelles auxquelles les anciens restent encore fidèles ; ainsi se dissolvent les forces sociales qui avaient jadis assuré à notre pays la stabilité et la grandeur.

Il existe, cependant, dans les autres régions de la France, des

---

[1] Les *Ouvriers européens*, VIe volume, 2e édition.
[2] Voir le bulletin de la *Société d'Économie sociale*. Séance du 21 février 1880.

populations dont la vie sociale n'ayant pas été complètement désorganisée, nous montrera des exemples utiles et fortifiants. L'Auvergne, par exemple, figurait au premier rang parmi les provinces françaises qui, sous l'ancien régime, faisaient régner par le travail et la vertu une solide constitution sociale. La conservation du foyer était le principal objet des préoccupations individuelles, à tous les degrés de la hiérarchie. « Il faut que la maison fume », disaient tous les membres des générations fécondes qui se succédaient, et tous agissaient et se concertaient pour aider l'héritier, choisi par le père de famille, à remplir sa lourde tâche, c'est-à-dire à continuer les traditions paternelles, à perpétuer au foyer et à l'atelier la pratique de la loi morale. Les gentilshommes, les paysans et les bordiers de l'Auvergne donnaient au pays cette force d'expansion qui, à notre époque de stérilité, se perd de plus en plus.

Aujourd'hui, le type de la famille-souche disparait, les articles du Code qui donnent aux héritiers le droit de réclamer la cessation de l'indivision ruinent les communautés et, seules, les familles, habitant les hauts plateaux, conservent les vieilles traditions.

L'unique trait que l'Auvergne ait gardé fidèlement du passé, est une émigration régulière comportant, dans une certaine mesure, l'esprit de retour. Toutefois, les Auvergnats émigrants reviennent moins facilement dans leur pays, depuis qu'ils se livrent principalement à la vente du charbon et du bois ; jadis ils étaient surtout commissionnaires et porteurs d'eau. Chaque famille aisée avait un commissionnaire qui, abandonnant la capitale au moment de la morte saison, conservait plus facilement les mœurs du pays natal et se faisait remarquer par sa probité, son exactitude et son énergie au travail. Cette vigueur a persisté chez les Auvergnats qui émigrent ; mais, comme ils subissent un contact plus prolongé avec les mœurs de la capitale, ils perdent quelque peu les qualité morales qui les distinguaient. L'âpreté au gain étouffe chez eux toute autre considération.

Sur les hauts plateaux des Cévennes et des Alpes françaises, l'observateur récoltera une ample moisson de faits sociaux d'un puissant intérêt ; il y retrouvera quelques familles vivant en communauté et se rapprochant sur quelques points du type de la famille patriarcale. En même temps, les populations qui habitent au pied du mont Ventoux, dans les départements de Vaucluse et des Hautes-Alpes, demeurent fidèles à certains usages particuliers. Dans le temps passé, elles vivaient indépendantes, sous le double patronage de la France et de l'Italie. Comme cette situation

politique les obligeait à user d'une langue spéciale, Il existait des
instituteurs, qui s'étaient mis en communauté, pour enseigner
une sorte de latin, au moyen duquel les habitants correspondaient
avec les populations circonvoisines de différents langages. Il serait
intéressant de rechercher si quelques débris de cette institution
se sont toujours maintenus.

La forte constitution sociale, qui se détruit maintenant au
milieu des campagnes de la Basse-Auvergne, n'est encore qu'é-
branlée dans les vallées du pays basque. Ici, comme dans toute la
France, l'invasion du mal a été provoquée par la loi qui contraint
les familles à se partager les propriétés immobilières. Mais ces
familles n'ont pas accepté docilement le joug que la loi
prétendait faire peser sur elles ; elles ont essayé de rester maîtresses de leur vie privée et de soustraire leur bien le plus
précieux, le patrimoine familial, aux inquisitions intéressées
des agents du fisc et des légistes.

C'est un spectacle vraiment dramatique que cette lutte énergique
engagée par les paysans, leurs efforts multipliés, le dévouement
des enfants comme des parents, pour se soustraire aux étreintes
impitoyables du Code et leur désespoir, leur chagrin, lorsqu'ils suc-
combent dans cette lutte inégale et voient se briser le foyer de leurs
ancêtres. Nous connaissons peu de faits plus émouvants que ces com-
bats obscurs livrés par de modestes familles qui essaient d'échapper à la destruction légale. Nos historiens, comme nos romanciers,
portant seulement leurs regards sur les surfaces d'une société, se
plaisent à raconter les batailles, à pénétrer dans les coulisses de
la politique ou à montrer le choc des passions dans des cœurs
corrompus ; qu'ils accordent leur attention aux faits intimes d'une
société, qu'ils soumettent à leurs investigations les familles qui
constituent la véritable base d'un pays, ils trouveront là des
observations intéressantes à recueillir et renversant les préjugés
sur lesquels vit l'opinion égarée de notre pays ; elles leur
montreront la petite propriété, non pas favorisée, mais écrasée
par la loi ; elles leur feront apparaître, dans les familles détruites,
les forces morales du pays usées peu à peu.

Après une excursion sociale entreprise chez les populations qui
habitent au pied des Pyrénées, il sera intéressant pour les voyageurs de se rendre dans les plaines du Soissonnais, du Laonnais, et
de la Champagne. En comparant les deux organisations sociales, ils
comprendront mieux les périls de la législation actuelle. Le partage
forcé, tel qu'il est pratiqué dans une grande partie des régions
que nous venons d'indiquer, amène la formation de petites bandes
de terres enclavées les unes dans les autres et éloignées du

domaine. Le morcellement infini de la propriété multiplie les
procès et les servitudes ; il procure aux gens d'affaires un moyen
d'accroître leur influence et, comme la terre passe de mains en
mains, on voit se constituer une classe de marchands de biens qui
pousse à la dispersion des propriétés et vit de la désorganisation
sociale.

Le paysan, possesseur de ces lambeaux disputés, limite ses
vues au présent et s'absorbe dans un matérialisme pratique.
L'instabilité de la propriété déracine chez lui les pensées d'avenir,
tandis que le chef de la famille-souche, au contraire, est dominé
par une préoccupation : élever ses enfants pour qu'ils aient la force
et l'énergie de continuer les traditions qu'il a respectées. L'aptitude
à maintenir l'harmonie et à diriger une nombreuse et laborieuse
communauté donne naturellement à ce dernier le discernement et
l'esprit de conciliation, unis à une grande expérience des hommes
et des choses. Une telle organisation sociale développe donc chez
les paysans les qualités administratives, beaucoup plus que ne le
fait le régime d'isolement, fruit du partage forcé. Elle inspire,
en même temps, la notion du dévouement et de la hiérarchie aux
enfants habitués à considérer leur père comme un chef libre et
respecté ; au contraire, les familles désorganisées par la loi donnent naissance à des enfants pénétrés du sentiment de leur droit
et plus disposés à réclamer ce qu'on leur doit qu'à accorder ce
qu'ils doivent.

Non loin des Pyrénées, dans cette immense plaine qui s'étend
depuis les environs de Bordeaux jusqu'aux rives de l'Adour, vit une
population qui mérite d'attirer l'attention des voyageurs. Le paysan
des Landes, que notre imagination se représente toujours monté
sur des échasses, habite une contrée dont le sol peu fertile se prête
presque uniquement à l'exploitation des pins maritimes. On ne rencontre donc, dans les Landes, ni champs de blé, ni prairies opulentes
permettant à la population d'élever de gras troupeaux. Dans les
parties demeurées vierges de toute exploitation forestière, il faut
demander à l'entretien d'un maigre bétail les moyens d'existence. Cette population ne commande pas seulement l'attention
par le travail tout particulier auquel elle se livre, mais aussi par
le soin avec lequel elle s'est montrée fidèle aux saines traditions
de la famille-souche. Les enfants manifestent un égal empresse-
ment pour conserver le bien dans la famille ; toutes les ressources
que la loi met à leur disposition sont utilisées dans ce sens. En
outre, au milieu des parties qui semblaient les plus arides, des dé-
frichements importants ont été entrepris, depuis plus de vingt-cinq

ans, et, quelquefois même, des modifications ont été introduites dans les conditions d'existence de la population.

Si nous voulons maintenant étudier un type de forestier dans toute sa pureté, nous devons le chercher dans nos départements de l'Est, en Meurthe-et-Moselle et surtout dans les Vosges, dont les massifs sont couverts de forêts étendues. Ces forêts constituent pour ce pays la principale source de richesse, et l'observateur retrouvera là un des principaux traits des populations vivant du produit des bois : la stabilité et le caractère peu communicatif.

Indiquons aussi aux membres des classes supérieures qui veulent observer les vestiges des vieilles coutumes et les types de population fortes et vivaces, deux contrées voisines l'une de l'autre. Fénélon avait déjà signalé, dans le Cambrésis, une coutume peu connue ; les fermiers se transmettaient de père en fils leur ferme, moyennant le paiement d'une somme d'argent, sans que les propriétaires eussent la facilité de leur substituer d'autres locataires ou de modifier les conditions primitives du bail. Cette coutume est restée intacte jusqu'à ce jour dans quelques localités ; car les propriétaires reculent devant les changements à apporter à leur fermage, dans la crainte que cette dérogation à des usages séculaires n'excite un profond mécontentement. La voix populaire a donné à ces paysans le nom expressif de *fermiers du mauvais gré*.

Une province voisine de la Picardie offrira à l'observateur un champ fécond d'études. Dans les « masures » du pays de Caux et surtout entre Granville et Bayeux, se rencontrent les vieux types de paysans normands, qui, comme les fermiers du mauvais gré, sont restés sur leurs terres depuis de longues années. Ils sont doués de toutes les qualités propres à cette race dont les enfants ont jadis habité et fécondé les déserts du Canada ; laborieux, énergiques, ils retirent de la terre tout ce qu'elle peut donner et ne se montrent pas rebelles aux améliorations agricoles, comme les paysans du centre de la France. Mais, en même temps, là sévit cruellement un des fléaux de notre race, la stérilité systématique.

Les statistiques établissent en effet que les départements les plus éprouvés par la diminution de la population sont les riches départements de la Normandie. Voici les chiffres désolants fournis par un des derniers récensements : en 1849, au lendemain de la Révolution, la population du département de l'Orne s'élevait à 442,187 habitants, elle est tombée maintenant à 312,526. Dans le Calvados, les décès dépassent les naissances de 1,735, dans l'Eure, de 1,441 ; dans la Manche, de 211. Ces chiffres, si éloquents par eux-mêmes, se passent de commentaires [1]. Si les habitants de certains pays prolifiques, comme les Bretons, les Belges du Nord et les montagnards habitant les régions du centre prenaient les habitudes égoïstes qui prévalent maintenant dans les départements riches, notre population perdrait tous les ans plusieurs milliers d'habitants. Ce n'est pas la misère qui a arrêté cet essor de la population normande, autrefois si féconde. Les départements normands se trouvent toujours dans les mêmes conditions heureuses où les a placées la nature, leur sol donne, aujourd'hui comme hier, naissance à des superbes races d'animaux ; par les voies de communication rapide, ils expédient à Paris les produits qu'ils ne consomment pas chez eux, en même temps qu'ils entretiennent avec la mer un fructueux commerce d'exportation. Aucun doute ne subsiste donc sur ce point, la loi française est responsable des calculs auxquels se livrent les paysans aisés. Le Code ne leur offrant aucun moyen d'échapper à ses prescriptions rigoureuses, ils se réfugient dans la stérilité ; pour faire un héritier, ils suppriment les cadets.

Quel Français ne ressentirait de profondes angoisses patriotiques, en songeant à l'avenir qui est réservé à sa race le jour où, comprenant à peine soixante millions de représentants, elle se heurtera à l'empire russe, à l'Angleterre, à la Chine, aux Etats-Unis, dont la domination s'étendra sur plus de six cent millions d'âmes. Ces Etats, du moins, ne se seront pas détruits eux-mêmes avec un aveuglement sans exemple ! Nous ne voulons pas aborder ici le douloureux problème de la population, mais nous en recommandons l'étude aux voyageurs qui pratiqueront, en Normandie, la méthode d'observation. Puisse le spectacle des tristes résultats produits par le partage forcé, leur inspirer l'énergie de réagir contre ces abus et de défendre la vérité sans défaillance.

Traversons maintenant la Méditerranée et allons chercher, dans les dernières possessions acquises par la France, les coutumes traditionnelles que n'a pas encore fait disparaître l'invasion des idées nouvelles. La Corse a été, en effet, défendue par sa position naturelle contre cet effacement général des vieilles mœurs, elle est restée avec son caractère propre et quoique depuis quelques années, elle ait subi de profondes modifications, elle a perdu, moins que les provinces du continent, l'attachement aux coutumes traditionnelles. Ainsi, chez elle, le père règle encore avec autorité la répartition de la fortune entre les enfants, il

---

[1] Le dernier récensement dont tous les détails ne sont pas encore complètement connus constate une aggravation de cette situation. En cinq ans, la population de l'ancienne Normandie a diminué de 48,992 âmes.

désigne un héritier et ses frères et sœurs n'osent demander à la loi l'annulation de dispositions auxquelles ils donnent leur libre consentement. Avec son mélange de bonnes et de mauvaises qualités, le paysan nous offre, au milieu de notre époque, un type digne d'être fixé. Le fond de son caractère est la méfiance et l'orgueil. Froid, soucieux, ayant de lui-même une haute estime, il ne répond jamais à un étranger qu'après avoir médité sa réponse ; il se livre peu, se montre bon ami, mais meilleur ennemi ; une haine profonde se cache souvent sous les dehors obséquieux ; il sait attendre le moment où il aura le moyen de se venger. En revanche, il pratique la vertu des temps antiques, l'hospitalité. Si le pauvre ne frappe pas en vain à sa porte, l'étranger trouve également une large place au foyer du Corse. Celui-ci aime avec passion sa terre natale ; après avoir occupé une place du gouvernement, l'ambition du Corse est de revenir dans son lieu de naissance où il jouira paisiblement de la modeste aisance qu'il se sera acquise.

Le moment est certes mal choisi pour recommander une enquête sociale en Algérie, mais nous la croyons très utile et nous espérons que, dans un avenir prochain, l'emploi judicieux de la méthode pratiquée, soit individuellement, soit au nom du pouvoir, saura montrer aux Français, l'état véritable de la plus grande de nos possessions d'outre-mer. Les causes qui ont amené la stérilité de la colonisation, devront être recherchées par l'observateur résolu à découvrir la vérité, non pas à travers le langage trompeur des rapports officiels, mais en étudiant par lui-même, en dehors de toute idée préconçue. Les populations indigènes s'imposent surtout à l'étude du voyageur dans leurs deux types distincts : les populations nomades et les populations sédentaires.

Comme on l'a dit si justement à la Société d'Economie sociale [1], « nous nous épuisons depuis cinquante ans en expériences infructueuses et contradictoires, sans avoir encore découvert le régime qui convient le mieux à notre belle colonie. On a essayé de tout et sans succès. N'aurait-on pas eu beaucoup plus de chances de réussir, si l'on avait commencé par étudier à fond les populations conquises, de manière à leur adapter un régime fait exactement à leur taille, au lieu de l'établir d'après un patron capricieux et sans cesse changeant ? Trop souvent, nous avons causé de cruelles blessures à nos sujets coloniaux, sans le vouloir, et par ignorance de coutumes, de sentiments, de préjugés même dont la

---

[1] Voir la Séance de la Société d'Economie sociale du 4 décembre 1881. — Le Sahara, par M. Choisy. — *Réforme sociale* du 1er avril 1882.

portée nous échappait. Des administrateurs improvisés, arrivant avec les idées à la française en face de cette civilisation fermée et enveloppée, sont exposés à d'inévitables maladresses, comme un aveugle qui marcherait à tâtons dans une boutique de porcelaines. »

Un mot encore sur la France et ce sera le dernier. Nous n'avons pas signalé les populations les plus ravagées par les erreurs modernes et dont l'étude nous procurera quelque avantage, comme spécimen des maux auxquels nous sommes en proie. Ces types peuvent être rencontrés sans de longs efforts, nous n'avons qu'à nous promener au milieu de nos cités, qu'à parcourir les campagnes, pour apercevoir partout les traces de la désorganisation sociale. Le mal frappe les yeux, nous le touchons du doigt, nous vivons avec lui, nous le sentons chaque jour ; il n'est pas renfermé dans quelques localités isolées, il s'étend sur tout le pays.

CHAPITRE III.

COMMENT ON DOIT VOYAGER.

I.

On n'élève, en général, aucune objection contre l'utilité des voyages ; on veut bien reconnaître que les diverses classes, appelées à exercer une influence sociale, auront profit à s'instruire, par l'étude des mœurs et des coutumes étrangères ; on souscrit même aux conseils que nous avons donnés sur la direction des voyages, mais, en même temps, on s'écrie avec une certaine humeur : Pourquoi ces longs préceptes ? Est-ce qu'il ne sont pas déjà suivis. Ne possédons-nous pas toute une littérature de voyages, qui atteste que nous ne nous renfermons pas étroitement dans notre pays et que nous allons observer à l'étranger?

Oui, sans doute, nous possédons une littérature de voyages qui s'accroît chaque jour, mais si nous parcourons avec soin ces nombreux volumes, nous serons rapidement convaincus de la nécessité d'une méthode rigoureuse, retenant l'observateur, l'empêchant d'égarer son attention sur les points secondaires, le contraignant de voir les faits essentiels qui se dégagent de l'étude d'une constitution sociale. Ce seront « les brodequins de plomb » dont parlait Bacon.

La plupart de nos voyageurs, en effet, passent au milieu d'une nation sans la comprendre ; ils s'attachent aux objets extérieurs, aux beautés du paysage, ils décrivent avec minutie les anciens monuments. Mais quant à l'étude de leurs semblables, ils n'en manifestent aucun souci. Ils ne se demandent pas ce que pensent, sentent et croient ces îlots d'hommes que la Providence a placés sous un ciel étranger; rencontrent-ils un usage différent des nôtres, des mœurs caractéristiques, ils les raillent. N'appartiennent-ils pas à un pays qui, depuis 1789, se considère naïvement comme le dépositaire des vérités révélées par les écrivains du siècle dernier? On croirait entendre un Grec de l'antiquité traitant de barbare tout étranger.

Parfois, il est vrai, les voyages ont été entrepris à un point de vue plus sérieux ; on ne se contentait pas seulement d'une excursion superficielle accomplie rapidement mais on voulait étudier les peuples étrangers dans leur vie politique et sociale. Malheureusement, l'absence d'une méthode rigoureuse conduisait trop souvent aux conclusions les plus fausses. Les récits de ces voyageurs ont exercé une influence plus funeste que les écrits légers des premiers. Ceux-ci, au moins, n'avaient pas la prétention d'enseigner; ils cherchaient à amuser, et on ne leur demandait pas des exemples à suivre. A peine le livre de voyage est-il lu qu'il est oublié; le lecteur se souvient seulement qu'il a entendu parler d'hommes noirs ou bruns, se livrant à des pratiques bizarres.

Il en est autrement des voyageurs qui portent leurs investigations sur le mode d'existence des nations voisines. Leur air grave, leur visage composé, leur style dogmatique en imposent facilement à l'opinion. Mais, faute d'une observation dirigée sur les faits essentiels, ils voient mal et égarent ceux qui veulent les prendre pour guides. Il s'est rencontré, par exemple, dans notre siècle une grande école qui a exercé le pouvoir; elle comptait dans ses rangs des écrivains éminents, des orateurs distingués, des caractères pleins d'honneur et de vertu; aucune des conditions nécessaires aux hommes de gouvernement ne semblait lui manquer. Tenant au passé par la naissance de quelques-uns de ses chefs, elle était en même temps mêlée au mouvement de la société contemporaine, par les adeptes qu'elle avait recrutés dans les rangs de la bourgeoisie.

Cependant les doctrinaires et leurs descendants ont toujours échoué dans l'exercice du pouvoir. La Constitution anglaise, tel est leur idéal. Pour eux, le bonheur d'une nation consiste dans le maniement savant du gouvernement constitutionnel; en dehors des questions exclusivement politiques, ils n'aperçoivent rien. Lorsque la responsabilité ministérielle est établie, lorsque deux Chambres fonctionnent, ils n'admettent pas qu'il subsiste dans la société des maux auxquels ce régime ne puisse porter remède.

Comment expliquer cette dangereuse aberration? Pourquoi tant de talent d'un côté et de l'autre une si radicale impuissance? Pourquoi les efforts des doctrinaires ont-ils abouti à de lamentables catastrophes? L'absence de méthode, une observation incomplète expliquent ce douloureux échec. Éblouis par le spectacle de l'Angleterre, ils ont cru que la première cause de sa prospérité résidait dans la forme politique de son gouvernement, et ils ont voulu transporter en France cette constitution, à l'ombre de laquelle un pays puissant avait prospéré. C'était seulement sur les faits de la vie publique que leurs regards s'étaient portés; les véritables causes qui ont rendu l'Angleterre libre et prospère leur avaient donc échappé.

S'ils s'étaient au contraire livrés à une enquête approfondie sur les conditions de la société anglaise, ils auraient appris qu'elle ne doit pas sa force aux formes politiques qui ont si vivement séduit nos amateurs de constitutions et de chartes. La forte organisation de la famille a été le fondement, sur lequel elle s'est appuyée. Voulons-nous jouer le rôle qu'elle sait remplir dans le monde, empruntons-lui tout d'abord le respect de l'autorité paternelle, maîtresse du foyer domestique, la liberté testamentaire encore debout, malgré les graves atteintes portées à la constitution anglaise. L'école doctrinaire a pris l'effet pour la cause ; elle a entraîné tout le pays dans une voie fausse.

Citons un autre exemple, qui rendra plus sensible à l'esprit de nos lecteurs la nécessité d'une observation rigoureuse et méthodique.

L'opinion publique a été prise, au milieu du siècle, d'un vif engouement pour la république américaine. Ce qui la séduisait de l'autre côté de l'Atlantique, ce n'étaient pas les fortes vertus des puritains de la Nouvelle-Angleterre, ce n'était pas le respect de Dieu qui était hautement manifesté dans tous les actes de la vie publique, ce n'était pas, non plus, l'intrépidité des pionniers conquérant tous les jours sur l'immensité du désert de nouveaux terrains à la culture. Les Français admiraient le développement illimité de la démocratie ; ils lui attribuaient la prospérité naissante des Etats-Unis, et, comparant cet état politique avec le régime auquel ils étaient soumis, ils étaient convaincus que le jour où ils établiraient parmi eux un régime purement démocratique, ils verraient se développer une prospérité analogue. Du reste, ils ne se contentaient pas d'admirer avec un naïf enthousiasme la République américaine : sa vie publique n'avait pas encore été souillée par les scandales dont ces dernières années ont donné le triste spectacle, dilapidation des deniers publics, concussion, corruption des fonctionnaires, *politicianisme* à outrance ; ils pensaient, en même temps, que les États-Unis offraient le tableau de l'état social vers lequel le monde marchait tantôt d'un pas précipité, tantôt d'une allure plus lente. Il était, dès lors, inutile de chercher à lutter contre les progrès de cette démocratie ; l'égalité des conditions était une loi fatale ; quoiqu'on dît et quoiqu'on fît, elle s'imposait à tous.

A côté de l'école anglaise, persuadée que la force de l'Angleterre provenait uniquement du gouvernement parlementaire, il se créa donc une école américaine attribuant les mêmes vertus à la démocratie. La première égara l'opinion et, perdue par ses illusions, s'engagea dans une voie désastreuse ; la seconde ne faussa pas moins vivement l'esprit public ; elle l'amena à se méprendre sur les conditions essentielles de la prospérité d'un grand pays, elle l'endormit par cette prétendue fatalité qui dominait la vie des Etats ; elle contribua, dans une large mesure, à semer le découragement et l'illusion parmi les hommes qui auraient pu arrêter le progrès de ces erreurs. « Le développement graduel de l'égalité, avait écrit le créateur de cette école, est un fait providentiel. Il en a les principaux caractères ; il est universel, il est durable, il échappe chaque jour à la puissance humaine ; tous les évènements comme tous les hommes ont servi son développement. »

Les deux écoles, enfin, présentaient le même trait qui avait rendu leurs doctrines plus séduisantes : leurs chefs brillaient autant par le talent que par le caractère. Nous avons parlé tout-à-l'heure des doctrinaires. Alexis de Tocqueville, auteur de la *Démocratie en Amérique*, n'en imposait pas moins à l'opinion ; homme de bien, écrivain étincelant et maniant avec un art consommé la langue française, descendant d'une noble et illustre famille, il ne lui manquait aucun talent. Si son esprit n'avait pas été détourné de la vérité par les préjugés qu'avaient légués à notre époque les lettrés du XVIII⁰ siècle, il aurait compris le rôle de la démocratie aux États-Unis, et en jetant les yeux sur l'organisation de la famille, il aurait attribué la prospérité de ce peuple au respect des vieilles coutumes que les *Yankees* avaient su conserver.

La nécessité d'une méthode ne fait donc aucun doute ; il faut savoir observer, il faut savoir voyager, sous peine de ne jamais découvrir la vérité.

II.

Le Français, qui prétend étudier les constitutions des peuples étrangers, sourira peut-être en entendant parler de cette méthode des voyages. S'il veut se rendre compte de l'état d'une nation étrangère, il monte en chemin de fer ; il se précipite vers la capitale, descend dans les grandes cités, recherche les conversations avec les hommes publics, compulse le texte des décisions législatives, fouille les statistiques ; puis, convaincu que désormais il possède la vérité sur un pays, il rédige de gros volumes, disserte gravement et prétend apprendre à ses contemporains ce qu'il ignore, ce que lui-même aurait besoin de savoir. Et je parle ici des voyageurs sérieux.

Que l'examen des lois et des documents statistiques doive être tout-à-fait rejeté, nous ne le soutenons pas ; l'observateur y puisera, au contraire, de précieux renseignements sur la vie publique ; en fréquentant les hommes politiques, il appréciera l'influence des classes aisées sur la direction du pays ; mais en usant exclusivement d'un tel procédé, il ne comprendra pas les faits qu'il importe le plus de connaître.

Ainsi, lorsque nous avons parcouru les vieux cantons catholiques de la Suisse, nous avons rencontré, sur le point fondamental, du régime de la transmission des biens, une contradiction absolue entre la loi écrite et les coutumes suivies par la masse de la population. La loi écrite prescrit le partage égal de la fortune entre les enfants ; la coutume délègue, au contraire, à un des enfants le soin de conserver la maison paternelle. La loi écrite entoure de précautions minutieuses le testament, elle semble se défier de l'autorité paternelle. La coutume assure le respect du père de famille ; les volontés du chef de la maison, exprimées de vive voix, sont prises comme règle de conduite par les enfants ; aucun d'eux n'oserait entrer en révolte contre une autorité vénérée. Celui qui aurait borné son enquête à l'étude de la loi écrite n'aurait pas saisi ces faits d'une importance capitale ; il n'aurait pas compris l'organisation de la famille, qui considère le gouvernement de ses intérêts privés, comme relevant d'elle seule et non de la loi écrite. Aussi, l'avocat distingué, à la bonne volonté duquel nous nous adressâmes, pour obtenir des renseignements sur les lois du canton d'Uri, nous avoua de bonne foi que le seul moyen de se rendre compte du mode de transmission des biens était de pénétrer dans l'intérieur des familles ; car les coutumes successorales se modifient, au moins dans les points de détail, selon les villages, souvent même selon les familles.

Même dans les pays où la loi écrite a empiété sur le terrain de la vie privée et a prétendu se substituer à la volonté du père de famille, l'étude des faits apportera des révélations curieuses ; elle fera apparaître les coutumes qui ont résisté à la tyrannie de la loi, elle montrera les efforts des populations pour rester maîtresses de leur foyer, et, sous l'uniformité législative, l'observateur retrouvera encore des mœurs et des usages qui jouent un rôle important dans la vie sociale d'un peuple.

La statistique, pour laquelle beaucoup de nos compatriotes manifestent un goût si vif, n'est pas un mode d'information sociale plus sûr ; car elle se compose de documents qui sont réunis sous des influences très variées. Ce sont les documents d'un État qui veut se rendre compte des recettes de ses douanes ; ce sont les documents d'un ministère qui veut se rendre compte des chargements de ses navires, du mouvement de ses ports, etc , etc. Dans d'autres cas, ce sont les chiffres réunis par une compagnie de

chemins de fer, pour connaître avec exactitude le mouvement de
ses affaires. Bref, il n'est pas possible de trouver, sauf de très rares
exceptions des documents statistiques, réunis au point de vue de
la science sociale.

Or, les vérités sociales ne sont pas des faits de pure statistique
et de pure comptabilité. La statistique apporte sans doute
des renseignements utiles, mais elle réduit forcément la science
sociale à une sorte de branche des sciences mathéma-
tiques et, sous ces chiffres, on ne voit plus du tout palpiter
la grande unité de la société, c'est-à-dire l'homme, l'être
humain lui-même. Le chiffre implacable et froid traduit l'abon-
dance ou la pénurie de telle matière, la valeur, la plus value,
mais il ne parle jamais des sentiments des êtres, dont ces
chiffres ne représentent absolument que le produit mathématique.

La meilleure manière de connaître la vérité est donc de pratiquer la méthode des enquêtes directes. Elles demandent à être
suivies avec une grande rigueur, et il faut surtout que l'observateur soit tenu par les nécessités même de la méthode à
descendre assez loin dans l'étude des faits et à s'assurer de l'exactitude de ce qu'il voit.

Nous allons résumer brièvement les principaux traits de
cette méthode.

III.

Il est d'abord nécessaire d'abandonner les grandes voies de
communication et de traverser le pays dans tous les sens, d'étudier la vie des classes rurales sur place, de pénétrer dans les
petites villes. Un voyage en chemin de fer ne fait apercevoir que
la surface d'une nation ; il empêche de saisir ces traits de mœurs,
qui contiennent souvent, sur l'état social d'un pays, des révélations d'une haute portée. Nous ne conseillons sans doute pas
de fuir les grandes cités et de faire porter exclusivement son
enquête sur les campagnes et les petites villes, mais, de nos
jours, les capitales, rapprochées par la rapidité des communications, présentant une certaine uniformité, c'est seulement dans
l'intérieur du pays qu'on découvrira les traits caractéristiques
de chaque nationalité.

L'*enquête permanente* [1], publiée dans la *Réforme sociale*, donne
à nos lecteurs un modèle excellent des questions sur lesquelles
doit se concentrer l'attention des voyageurs. Nous ne voulons
pas ici recommencer cette énumération.

[1] Voir la *Réforme sociale* du 15 juillet 1881.

Toutefois, rappelons-le encore, l'organisation de la famille doit-être choisi comme premier sujet d'étude, puisque la vie publique, n'est que le reflet de la vie privée ; celui qui étudiera l'existence intime de la famille comprendra d'autant mieux les faits généraux de la nation. La famille est la base de l'Etat ; elle doit être la base de nos études, l'objectif de nos enquêtes. Mais l'homme ne sera pas observé seulement comme chef de famille, il faudra aussi le considérer comme citoyen, dans ses rapports avec la commune d'abord, avec l'Etat ensuite.

Nous ne nous étendons pas plus longuement sur la méthode des voyages. Nos lecteurs nous ont compris, nous avons tracé le cadre général des voyages ; c'est à leur bonne volonté de faire le reste. Qu'ils soient bien convaincus seulement que dans le cours d'une excursion, il ne faut négliger aucun moyen d'information. Un jour que nous parcourions la vallée d'Euthal, non loin d'Einsiedeln, nous rencontrâmes un brave curé qui manifesta le plus vif désir de nous prêter un utile concours ; il comprenait à merveille la constitution sociale au milieu de laquelle sa vie s'était écoulée, pure et paisible, et se montrait fort empressé à nous donner les plus minutieux renseignements sur le régime du travail, sur l'organisation des familles. Malheureusement, il s'exprimait dans une langue à laquelle nos oreilles demeuraient rebelles : nous nous trouvions dans la même situation que l'avare mourant de faim à côté de ses trésors. Le bon curé ému, de notre situation, se souvint qu'un habitant du village avait exercé la profession de vacher aux environs de Paris. Il le fit venir. Malgré toute notre bonne volonté, nous ne prêtâmes qu'une attention distraite aux propos de cet indigène d'allure fort lourde et peu capable, en apparence, de nous fournir d'utiles renseignements. Peu à peu cependant, nous remarquâmes que ses propos étaient très judicieux, lorsqu'il comparait la situation des paysans en France et dans son pays. Puis, voulant nous en donner une idée plus précise : « En France, dit-il, les paysans travaillent dans la semaine pour le compte d'autrui et le dimanche pour eux, tandis que chez nous, nous travaillons dans la semaine pour nous seuls, et le dimanche nous nous reposons. »

En quelques mots, ce simple vacher nous avait marqué les traits distinctifs des paysans des deux régions : les uns, contraints par le morcellement indéfini de la propriété à se placer comme ouvriers, les autres, protégés contre les rigueurs du sort par l'*Allmend* et par la conservation du patrimoine.

IV.

Nous voici au terme de cette étude. Nous avons sommairement exposé les principes de la méthode d'observation, indiqué le but de la monographie, les pays dont il est utile d'observer la constitution sociale et, d'une manière plus succincte, la méthode de ces enquêtes directes.

Les classes aisées qui avaient autrefois la prétention de s'appeler classes dirigeantes, comprendront-elles la nécessité d'observer, d'étudier, pour se mettre en mesure d'exercer dignement leur rôle ? Voudront-elles revenir à la pratique des autorités sociales, afin d'arracher la patrie aux erreurs qui l'ont conduite à sa perte ? Nous l'espérons, car c'est le seul moyen de réparer le mal profond dont elles portent la lourde responsabilité.

Écoutant au XVIIIe siècle la voix des lettrés révoltés contre la tradition, elles s'abîment dans la corruption et cherchent à justifier, par des sophismes, les défaillances de leur volonté et les vices de leur conduite. Puis, lorsque le jour de la tourmente arrive, elles mettent bas les armes devant les ennemis auxquels elles ont ouvert les portes de la citadelle. Depuis, elles se sont montrées également incapables d'arrêter le flot montant de la désorganisation sociale. Elles s'imaginaient, avec une certaine naïveté, qu'il suffit d'affirmer des principes pour sauver la patrie. Or, les principes ne sauvent, que lorsqu'ils sont appliqués par des hommes soumis aux enseignements de l'observation et de l'expérience, résolus à une action énergique et sachant se corriger de leurs fautes.

Les classes aisées ont la faculté de réparer aujourd'hui les maux qu'elles ont causés. Le sort du pays est entre leurs mains; c'est à elles de décider.

TABLE DES MATIÈRES.

PREMIÈRE PARTIE

Les Monographies.

DEUXIÈME PARTIE.

Les Voyages.

IMPRIMERIE PAUL LEPRÊTRE ET Cⁱᵉ, DIEPPE.

186